3

2

1

0

傻瓜一直在路上

生命的練習曲

曲全立——著
趙文豪——文字統籌

目錄

推薦序——

自序——

CONTENTS 目錄

緣起——用影像說故事的人

首部曲——平凡也不凡的台灣超人們

二部曲——沒有輕而易舉的奇蹟

三部曲——用3D與創新讓文化立體

安可曲——《這世界需要傻瓜》之後

推薦序

活力百分百的善念

趙翠慧

充滿著生命力的善念與正能量是什麼概念，是「心動不如行動」？是正在「行動中」的善念？想想，當善念充滿著「動能」，它必能激發出無比強大的正能量。相信這就是活力百分百的善念，其影響力肯定是無遠弗屆的。

從《這世界需要傻瓜》開始，我們看到一位可愛的傻瓜迎面而來，他堅持這世界需要他，以無比的熱情與毅力，執意賣掉自己辛苦積攢了半輩子的房子，打造了一部3D電影車，自行研發3D拍攝技術，開始用近十年的時間，從山林拍到海底，從鄉村拍到城市，走遍台灣，記錄台灣。創辦「美力台灣3D行動電影院」，到二〇二〇年，已經累積二十幾萬學童觀賞，將善與美的種子植在他們心中。

除了台灣的自然景觀，可愛的傻瓜和「美力台灣3D團隊」不忘台灣最美麗的風景。十年來虛心拜訪，精心拍攝推出《美力台灣3D》紀錄長片，記錄了十個瀕臨消失的台灣美景和百位即將被遺忘的傳統匠師。這些民間傳統手工藝術家延續保存著家傳的珍貴手藝，再加上創新與巧思的職人精神，令人感動。

記得第一次在「美力台灣成果發表記者會」上，見到久仰的傻瓜，我們彼此知道對方六年，卻始終無緣見到面。當時的場景就像韓劇裡：在海邊，一對久別重逢的老友。傻瓜遠遠的跑過來，給我一個大大的擁抱，那份相知、相惜如此熟悉，一切盡在不言中。

記者會後，親愛的傻瓜繼續著他的堅持——「做，就對了！」才拍攝好百位了不起的職人百工，一刻不停歇的又準備開拍百位《台灣超人》。

《台灣超人》的靈感來自於端育這位生命勇士，端育是位極重度脊髓性肌肉萎縮症的孩子，也是位使用眼動軟體的設計師，自學日文翻譯……完成許多讓人敬佩的事，我們親愛的傻瓜——曲導，被端育永不放棄的精神深深感動。他相信生命勇士的生命故事是有能量的，會影響另一個生命，如太陽般發光發熱，點燃希望，照亮生命。

曲導自己就是源源不絕的正能量發電廠，心中總是充滿「利他」與「守護」的善念。一般人習慣把善念默默放在心裡，曲導則是用跑百米般「衝」的方式在「做」！這股「衝勁」和一般人難望其項背的「執行力」，絕對不是普通人做得到的。

曲導相信「愛是一切的答案」，他常說：「人生只有生與死是大事，其他都是小事。」他把善念用愛串起來，溫暖世界每個角落，他讓善念充滿百分百的生命力與感染力，他分享愛，感受愛，讓我們沐浴在愛中。且讓我們拭目以待百位台灣超人的到來。

（本文作者為國際佛光會總副會長／周大觀文教基金會副董事長兼總執行長）

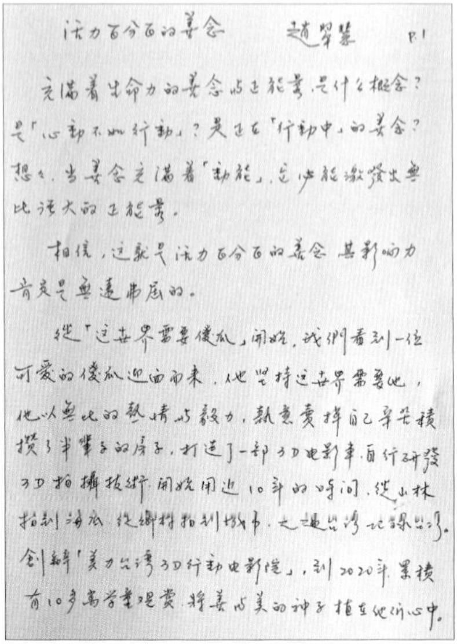

活力百分百的善念　趙翠慧　P.1

充滿著生命力的善念與正能量，是什麼概念？是「心動不如行動」？是正在「行動中」的善念？想想，當善念充滿著「動能」，它必能激發出無比強大的正能量。

相信，這就是活力百分百的善念，其影響力肯定是無遠弗屆的。

從「這世界需要傻瓜」開始，我們看到一位可愛的傻瓜迎面而來，他堅持這世界需要他，他以無比的熱情與毅力，執意賣掉自己辛苦積攢了半輩子的房子，打造了一部3D電影車，自行研發3D拍攝技術，開始用近10年的時間，從山林拍到海底，從鄉村拍到城市，走遍台灣記錄台灣。創辦「美力台灣3D行動電影院」，到2020年，累積有10多萬學童觀賞，將善與美的種子植在他們心中。

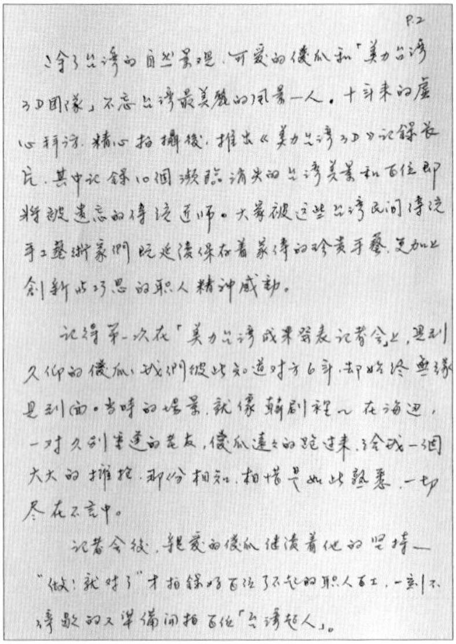

P.2

記錄了台灣的自然美景，可愛的傻瓜和「美力台灣3D團隊」不忘台灣最美麗的風景——人。十年來的虔心拜訪，精心拍攝後，推出《美力台灣3D》記錄長片，其中記錄10個瀕臨消失的台灣美業和百位即將被遺忘的傳統匠師。大家被這些台灣民間傳統手工藝術家們既延續保存著家傳的珍貴手藝，更加上創新與巧思的職人精神感動。

記得第一次在「美力台灣成果發表記者會」上，見到久仰的傻瓜，我們彼此知道對方6年，卻始終無緣見到面。當時的場景，就像韓劇裡在海邊，一對久別重逢的老友，傻瓜遠遠的跑過來，給我一個大大的擁抱，那份相知，相惜是如此熟悉，一切盡在不言中。

記者會後，親愛的傻瓜繼續著他的堅持——"做！就對了"才拍錄好百位了不起的職人百工，一刻不停歇的又準備開拍百位「台灣超人」。

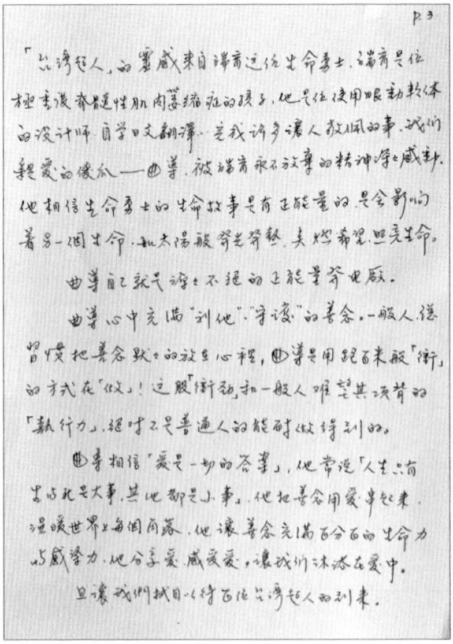

P.3

「台灣超人」的靈感來自瑞甫這位生命勇士，瑞甫是位極重度脊髓性肌肉萎縮症的孩子，他是位使用眼動軟體的設計師，自學日文翻譯，完成許多讓人敬佩的事，我們親愛的傻瓜——曲導，被瑞甫永不放棄的精神深深感動。他相信生命勇士的生命故事是有正能量的，是會影響著另一個生命，和太陽般發光發熱，點燃希望，照亮生命。

曲導自己就是源源不絕的正能量發電廠。

曲導心中充滿"利他"、"守護"的善念。一般人總習慣把善念默默的放在心裡，曲導是用跑百米般「衝」的方式在「做」！這股「衝勁」和一般人難望其項背的「執行力」，絕對不是普通人所能夠做得到的。

曲導相信「愛是一切的答案」，他常說「人生只有生與死是大事，其他都是小事」，他把善念用愛串起來，溫暖世界上每個角落，他讓善念充滿百分百的生命力與感染力，他分享愛，感受愛，讓我們沐浴在愛中。

且讓我們拭目以待百位台灣超人的到來。

推薦序

一個不斷挑戰自我的怪咖弟弟

謝美慶

究竟「做自己」與「被看見」如何取得平衡點？曲全立導演，我的鄰居弟弟，雖然沒經歷過戰火，但他年輕的生命卻不斷經歷人生無常，然而即使與病魔搏鬥，卻也未減他樂天的性格。這些年為了讓偏鄉地區的孩子有「數位美學平權」的學習機會，上山下海馬不停蹄的開著「美力3D」戰車，繞著台灣轉轉轉，一不小心已經繞了超過二十三圈。

他是個很感性的「愛哭鬼」，一直在「做自己」，但對於能不能「被看見」並不執著。他相信他的相信，所以即使不曉得如何行銷，如何有效的募款，但卻能一直傻傻的做到今天，在我眼中，他就是個不折不扣的「台灣超人」。

他總說自己的生命很平凡，但事實上他的人生像極了奧斯卡最佳劇本。

《八大人覺經》裡的第一段：「覺悟世間無常，國土危脆；四大苦空，五陰無我；生滅變異，虛偽無主；心是惡源，形為罪藪。如是觀察，漸離生死。」別人的苦難成就自我的覺照，我想他是完全參悟了這個道理的人間菩薩！

繼美力3D後，疫情期間即使所有的影像工作都被迫按下暫停鍵，然而曲導的腦袋瓜子裡可一點也沒閒著，默默展開他的另一個「超人」系列計畫。

如同「台灣百工」的拍攝理念，紀錄片不是記錄悲情而是記錄生命的堅韌。疫情讓全人類陷入恐慌，曲導期待用「台灣超人」熱血堅強的生命力，撫慰疫情無常下受苦受難的人們。在超人無懼前進中，讓人看見滿滿的感動與正能量。

如果您動過一場性命交關的手術，如果您腦袋裡有十一c.c.腦瘤的汁液，如果您的左耳沒有聽覺，右耳只剩下百分之四十的聽力，您會怎麼辦？「敬業、專業、志業、樂業」是我看見曲導超級無敵認真的生活態度。

《這世界需要傻瓜》是他的人生座右銘，過去這幾年他用美麗台灣的影像「力」療癒他的痛與苦，讓台灣偏鄉孩子的視野因他不辭辛勞跋山涉水而燦爛，疫情年他又大發菩提心，拍攝了許許多多點亮生命之火勇敢鬥士的故事。

從生命鬥士端育到帶著唐寶寶走入人群的林啟通老師，他們的故事不傳奇，但小人物勵志的故事往往最能鼓舞人心，也能療癒許多在疫情期間經歷人世無常苦痛的人們。

如果我們不做，就不會改變，也是生命鬥士的曲導說：「誕生，就是醒來；死亡，就是長眠。」台灣人隱性的力量正在崛起，聽曲導分享一個個「超人」的生命故事，您的生命熱情將再度沸騰！

（本文作者為前上海神旺控股集團執行總經理／敦煌文化弘揚基金會副會長）

推薦序

浮生若夢，行大愛才是真諦

王師

我是臉書重度使用者，之前在一個追蹤的粉專上看到這個文章標題，內心十分觸動。這次承蒙曲導不棄，邀請我為他的新書寫序，腦中立刻浮現這兩句話，決定借花獻佛，送給曲導和所有讀到這篇文章的朋友。原因無他，曲導一生的行止，恰恰正是這兩句話的寫照。

我從事的是電影工作，除了一般大眾熟悉的商業劇情片，也發行及製作許多紀錄片。很多人聽到我做紀錄片，都會流露出一副敬佩的表情，脫口而出：「紀錄片不是都賺不到錢嗎？你真了不起，願意幫助這麼多導演！」

在此特別澄清，紀錄片也許賺不到錢，但身為一家小小公司的經營者，每個月人事管銷等費用還是得煩惱的，我們沒有做公益的本錢和餘裕。所有執行專案中必須收取的業務執行費我們還是有收。至於額外的盈餘，說老實話，只能隨緣。那，為什麼要做？

那，為什麼要做？

這一題，就是所有人從懂事以來，從開始思考人生的意義、人生的價值，靈魂從何處來？往何處去……等等這些惱人問題之後，日夜纏繞於心的「大哉問」。

歸根究柢，人類是追求快樂的動物。在基本生存條件被滿足後，我們會開始思考抽象事物：價值、意義、公平、理想等看似無形，卻非常重要的東西。對於上述這些抽象事物的追求與實踐，會為人帶來真正的寧靜與喜悅，而這樣的追求必然發生在群體生活裡，必然與我們沒有直接利益關係的社會大眾產生連結。除了少數修行的隱士或高僧，大多數尋常如我們的凡夫俗子，一生都在成千上百的人際網路中反覆磨練，並試圖爬梳、證悟一套屬於自己的人生哲學，以作為此生處事立命的哲學綱領。

英文有一句話說：「No man is an island.」沒有人是一座孤島。大抵就是這個意思。佛家有云：「佛法不離世間。」人，血肉之軀，降生於世，無論生命長短，便是一場在此時此地的漫長修行。而這一路上與我們產生交會的所有人，都是我們的老師與同學。沒有他們的扶持與砥礪，我們斷無完滿畢業的可能。

其實具體來說，是在什麼樣的契機下認識曲導，我早已忘得一乾二淨。但就工作來說，我們是在《美力台灣3D》這部電影製作的過程中密切合作，結下不解之緣。就專業而言，曲導是我的大前輩，從事影像攝影及製作工作多年，卓然有成，享譽國際。而在商業影像之外，更致力探究尖端攝影技術。無論高畫質攝影或3D立體攝影，他都是台灣，甚至華語圈走在最前面的先行者。

此外，基於對台灣這片土地人事物的深愛，他將這些最昂貴、複雜的攝影技術，投入到與時間賽跑的保存工程中，深怕計畫趕不上變化，無法為後代留下珍貴影像，這真是大愛。

除此之外，有感於台灣城市與偏鄉資源分配落差懸殊，孩童無法觀看到一般來說在專業戲院才能欣賞到的高品質影像。他砸鍋賣鐵、自掏腰包，憑藉一股傻勁與工匠精神，親手打造出一輛我私下暱稱為「變形金剛」的3D行動車，上山下海，每年巡迴數百場放映，把撼動人心的高端影像帶到每一個偏鄉孩子的眼前。他帶給這些孩子的，是對世界的憧憬與想像，也是對自己人生未來的思考與期許！

以生命影響生命。人的一生，有什麼比這更高貴，更值得追求的呢？

一顆腦瘤、一場大病、一次劫難，讓曲導成為他最好的自己，也讓他將這份生命的禮物和體悟轉贈給更多人，令大愛行於世間。施者與受者，彼此成就，彼此完滿。

文章最後，容我再次借用之前在網路上網友翻譯的一首小詩作為結尾：

紐約時間比加州時間早三個小時，
但加州時間並沒有變慢。
有人二十二歲就畢業了，
但等了五年才找到好的工作！
有人二十五歲就當上CEO，
卻在五十歲去世。
也有人遲到五十歲才當上CEO，
然後活到九十歲。

有人依然單身，
同時也有人已婚。
歐巴馬五十五歲就退休，
川普七十歲才開始當總統。
世上每個人本來就有自己的發展時區。
身邊有些人看似走在你前面，
也有人看似走在你後面。
但其實每個人在自己的時區有自己的步程。
不用嫉妒或嘲笑他們。
他們都在自己的時區裡，你也是！
生命就是等待正確的行動時機。
所以，放輕鬆。
你沒有落後。
你沒有領先。
在命運為你安排的屬於自己的時區裡，一切都準時。

你是否也在自己的時區裡找到了與這個世界對話的方式？

（本文作者為牽猴子股份有限公司共同創辦人／總經理）

推薦序

念念相續，必有迴響

黃柏霖

認識超級傻瓜曲全立導演是我向上天祈求來的。

經常在電視上看到曲全立導演和他的3D電影行動車到偏遠學校公演的故事，內心非常感動，心中也迴盪著：「我想要讓高雄的小朋友也可以看到高質量的生態和人文紀錄。」

宇宙最重要的秘密，放射吸引定律，在我的生命中屢試不爽，上天果然聽到了我的祈求。去年十月我認識了曲全立導演，因為彼此都專注在如何讓我們的下一代更美好，讓孩子能夠找到他們心中的光，於是我大力邀請3D美力台灣在高雄巡演活動。

公益勸募從來不是一件容易的事，需要堅持再堅持，不斷的把心中的願望和更多人分享。感謝高雄許多善心人士大力支持和鼓勵，這一年來，高雄市有六十六個國小，兩萬六千多名小朋友觀看並學習保護環境、生命教育、台灣的百工百業和人文地理的美好。每次陪著孩子欣賞演出，看到孩子活潑的笑容和專注的神情，心中就更尊敬曲導演十幾年來的努力和堅持。

台灣社會需要注入更多的正能量。除了3D電影車繼續巡迴學校演出外，曲導演的另一個台灣百位超人計畫，也是一個超級傻瓜才會做的事。每次見面，曲導就會用他獨特的詮釋，分享哪一位超人如何發揮生命的真善美，堅持理想來達成一生的使命。聽他訴說這些超人們令人感動的故事，我也跟著被震撼了。單純而慷慨一直是我人生的座右銘，努力把公益做到無限大，是我一生努力的目標。我何其有幸認識曲導演，讓我相信這個世界真的有這樣的傻瓜，單純的希望我們下一代更美好，慷慨付出他所有的金錢、精神、行動和他的專業。讓我們和曲導演一起行動，讓這個社會更美好，我們就會活在幸福的國度中。

（本文作者為高雄市議員／正忠文教協會創會理事長）

推薦序

山水說法、超人說法、曲導說法

張亞中

人生的確處處是功課。山水用它的千變萬化向我們說法，每一個生命也促使我們檢視生命的哲理。認識曲導，曲全立兄，是我的幸運，從他的作品與行動中，讓我再一次體認什麼是生命應有的意義與價值。

正像多數人一樣，面臨無常世界的關頭時，對生命的意義往往會多些感悟。二〇〇二年，一次切除腦瘤手術改變了曲導的人生。大病後左耳幾乎失聰、顏面失調、身體無法維持平衡、吞嚥困難影響呼吸，曲導先是被迫面對，最終選擇接受與放下，重新拾起的是他強勁的意志力，舉起的是照耀社會良善價值的火炬。

從二〇〇六年開始，曲導用ＨＤ拍了「世紀台灣」。二〇〇八年開始運用3D進行影像紀錄。二〇〇九年起，曲導開始「山水說法」的十年，他從賣房打造一部3D電影車開始，「美力台灣3D行動電影車」在台灣的偏鄉學校間穿梭奔跑，這是一件多麼辛苦的工作，但是對孩童而言，卻又是多麼興奮的期盼。

十年下來，已經有二十多萬孩童在這個「夢想卡車」旁認識了美麗的台灣山水、傳統職人的匠心與堅持，讓小孩認識到了台灣的美和職人認真的模樣，讓他們幼小的心靈有美與善、有了對專業尊敬的種子。

經歷過生命大劫後的曲導，經常鼓勵碰到挫折的年輕朋友：「除了生死之外，其他都是小事。」在新冠肺炎疫情肆虐之際，曲導又開始了他的「超人說法」，他想拍攝百位「台灣超人」。這百位「台灣超人」不僅不懼生死、超越生命，更用能點燃生命火炬的堅毅精神，向世人展示什麼才是人生應有的態度，什麼才是人活下去應創造的能量與價值。

曲導將「超人」定義為「超越自己的人」，他們超越自己的生命，帶給他人善的能量。曲導透過這些「超人」的現身說法，讓社會大眾看到他們如何跨越生命的難關，活出精采動人的生命故事，用感動喚醒靈魂，用生命影響生命。他們讓眾生認識到，什麼是付出、關懷、勇敢、堅持、樂觀的精神；什麼是不畏艱難、傳承文化、服務利他、回饋社會，進而體現共好的價值觀。曲導想說的是，一般人很在意的病痛與人生際遇，跟他們的故事相比，其實真的微不足道。生命本來就是一個圓，生死的一剎那，只是不同時空的相交點而已。就佛法而言，我們每一世都是用不同的生活在修行。這些「超人」在這一世中，用他們獨特的身體在修行，譜出生命獨特的樂章，他們的樂曲不同，樂器相異，奏出的樂章卻同樣美麗精采。

在曲導的走訪下，這一群「台灣超人」劉大潭、楊玉欣、王志揚、朱德剛、林易超、林啟通、吳道遠、郭常喜、陳美麗的故事，讓我們看到「生命練習曲」是如此美好的樂章，帶給我們的何止滿滿的感動，更激發了我們重新認識應有的正能量。

曲導的身體健康雖仍不定，但他的大愛之行是不會停止的。他一直沒有放棄記錄華人百工3D影像，每天還在不斷的累積與拍攝，繼續用影像專業記錄「超人」的生命故事。曲導的大愛之行，會繼續將「台灣超人」的故事透過「美力台灣3D行動電影車」作為播映平台，跑遍台灣每個角落，讓更多孩子有機會看到這些「台灣超人」的故事，為他們灌注愛與關懷的泉水，帶給他們充滿希望與正面的價值觀。

曲導感恩的說：「我希望在我的餘生，能夠繼續的用影像專業、用攝影記錄這些感人的生命故事，這是上天給我最大的恩典。」在「山水說法」與「超人說法」的同時，曲導自己也在用他的生命向世人說法。

當曲導還在不停演奏自己的「生命練習曲」時，或許還沒有查覺，他的譜曲已經與台灣的山水、超人的精神結合在一起了，他既在布施山水與超人的法，也在訴說自己的法，他傳達的正是生命應有的堅持、奉獻與良善。

我要特別謝謝小慧姐，讓我與曲導能夠結緣；也要謝謝曲導，讓我多了您這位值得學習與敬佩的榜樣；更謝謝曲導記錄下這些「超人」可歌可敬的人生，讓我們更學會感恩與謙卑。

台灣有你真好，我的好友曲導！

（本文作者為孫文學校總校長）

推薦序

與百位超人相遇相惜，共譜台灣新力量

曾國俊

我是在二〇一八年道禾三代塾人文講座中，第一次見到曲導。自信、幽默的表達，讓人直覺是人生勝利組來分享人生。但聽著聽著，我卻被他的腦手術遭遇及生命的變動與挑戰所震懾，不得不凝神感受在我面前這位生命的勇者，用如此自信、喜悅的正能量分享這難得的生命故事。

曲導用盡積蓄、心力，到台灣各個角落尋找一輩子好好做一件事的人，拍攝、保存，再賣屋買夢想與未來，把這些深刻難得又動人的人事物，以精湛的3D技術，送到偏鄉村落，爬山涉水的把這份生命的禮物送到數十萬孩子眼前，種下希望的種子，也讓美力台灣被看見，我相信這些種子未來也能將這份愛與善與美，向世界傳承散播出去。

我邀曲導出席在大陸上海、深圳、廈門、杭州、雲南、重慶、青島等道禾讀書會公益平台，他所到之處，總是可以感受到書友在歡笑、驚奇、淚水中洗滌著靈魂，收拾或添補著相似的際遇。他的分享、給予，激發了更多的分享與美好的給予；他一次次用練習、鏡頭、演講、互動與分享，帶來無限契機。

面對黑暗，用勇氣找向光明。這份自信與生命智慧，讓曲導以專業的熱情點燃行動，他其實本就是一個超越自己的人，定當以此精神與行動力與台灣百位超人相遇相惜，共譜台灣新力量。

（本文作者為道禾基金會／實驗中小學與幼兒園／三代塾創辦人）

推薦序

謝謝你，親愛的傻瓜！當苦難與夢想同歌

楊玉欣

「人生到底該怎麼活，才配得上我們的苦難，且不枉我們在苦難中所奮鬥的點點滴滴？」

我想，凡是曾思考過人生為什麼會有苦難的人一定都問過這個問題。而若這也是你的疑問，曲全立導演的這本《生命的練習曲》你一定要讀讀。讀這本書，你將會看到曲導演和台灣超人如何以生命回應苦痛，在苦難中淬鍊夢想。

曲導演曾以《3D台灣》獲好萊塢3D大獎的殊榮，也曾製作《美力台灣》記錄百工技藝和台灣瀕臨消失的美景，現在則正著手以影像記錄台灣超人的故事。這些超凡的作品與計畫，每一個都很難、每一項都是挑戰，他不但都做了，而且全數都是曲導演二〇〇二年開完腦瘤手術後才展開的拍攝計畫——在

他失去了半邊的聽力和視力之後。

當年儘管曲導演手術成功，但身體卻再也沒有辦法恢復如常，疾病向他索要部分視力與聽覺，這是不折不扣的苦難。同樣作為一位身障者，我感到苦難之於人生像是當頭棒喝，一棒落下讓人瞬間無與倫比的清醒，迫使人在那難以言說的痛苦中開始思考生命的意義。接著，你會看到生命最奇妙的地方：痛苦引動了人生哲思，而哲思淬鍊了夢想。一如從苦難中走來的曲導演，因為病而思考，進而決心以嫻熟的3D攝影技術拍出值得帶給社會的影片。苦難、哲思與夢想，三者並行，並引動了一系列的影片計畫——苦難就如同化了妝的祝福，曲導就如同一個懷著夢想的「社會工程師」。

我總是覺得一個有夢想的人，他的生活是很有滋味的。不管這個人背負著如何痛苦的過去與當下，夢想總能賦予人們不一樣的眼光，也能從心底看見與他人不同的風景，而後從心創發與眾不同、足以深刻影響社會的貢獻。或許可以說是苦難與夢想攜手孕育「社會的工程師」，而工程師們建造社會的人文精神與藝術底蘊。

「社會工程師」肩負重任的同時，也享有「特權」，築夢的同時感受更深刻的生命滋味。不管是過去拍攝台灣美景或百工，又或者是現在正在進行中的台灣超人計畫，他是第一個被美景震懾的人、在第一線感受百工和台灣超人們的智慧、生命力量與熱情的人，生命被如此滋養著！不只如此，隨著曲導演台灣超人拍攝計畫的進行，他與台灣超人之間，就像是多把生命火炬彼此相遇，燃起的熊熊火光得以照得更遠，帶來更多溫暖。

因此，我邀請大家在閱讀本書時留意曲導演為我們邀請了什麼樣的一群人作為「台灣超人」？這群人有什麼樣的故事，是曲導演認為必須分享給社會的？從這裡出發你會了解曲導演的價值判斷，明白他拚了命也要傳遞的訊息，同時你也會感受到這位導演充滿韌性的炙熱內心。

還有，不要錯過藉由台灣超人計畫和曲導演一起洞察生命內裡的機會。他所邀請的超人們有不少身障者，且大多數超人們都經歷過人生莫大的苦難。表面上看起來這群所謂「超人」，在外在看起來一點都不「超」啊！然而，曲導演的眼光穿透了表面，看見超人們在表面背後的奮鬥，以及他們超越常人的生命力量。

從曲導演取材的角度，我彷彿聽到他在說：「在苦難中的努力是這個社會的資產，價值連城且就在我們身邊，大家是不是看見了呢？」這一點也是我一直以來很希望向社會大眾傳遞的，非常感謝曲導演藉由影像具體的述說。

除了感謝導演以外，我也想向曲導演訪問的其他幾位台灣超人道謝致敬（雖然我也是其中一位受訪者，但請容我在這裡向其他幾位道謝）。在這本書裡，我看到每位台灣超人在遭遇重大打擊後，在苦痛中的堅忍、勇敢奮起，以及他們轉化痛苦、創造價值，最終走出屬於自己道路的強大生命力，謝謝每一位奮起往前的超人們，讓我們看見不同的風景。此外，我也十分感激每位台灣超人樂意向社會大眾分享自己的人生故事。在現今負能量充斥的黑暗裡彷彿天上眾星，織成一片震撼人心的璀璨星空。

當大家在仰望這片星空時，請不要漏掉曲導演本人，他絕對也是台灣超人！我非常欽佩曲導演在本書中提到每次有人問他：「導演目前遇到最大的問題是什麼？」而導演總回答：「沒有。」這個回答非常豪邁瀟灑，同時也是絕對不簡單的智慧。執行計畫會遇到的問題非常多，但是面對困難，曲導演選擇逐一努力克服，就像他在這本書中多次提到的「做，就對了」。過一段時間後回頭看，過程中不是沒有問題，而是每個當下都努力回應問題，一路扎扎實實的走，最終積累成「沒有」兩個字。

最後，我也想邀請大家在閱讀本書時，藉由文字參與台灣超人們（包括曲導演本人）的生命。人的限度使我們對待「他者」多只能從自己本位出發，難以深刻理解。但是，當曲導演透過他的作品將這麼多我們不曾接觸、不曾理解、不曾想過的生命故事串連一起，便開了一扇窗讓我們得以看到這世界上存在許許多多生活處境和我們截然不同的人，及不同的處境與樣態。若我們能從曲導演和台灣超人的生命開始看見「他者」，獲得與他們同理與共感的機會，或許也能對自己的生命產生嶄新的視角，更因為如此，我們甚至能同喜於他們的超越與在苦難中的淬鍊。

總而言之，請與我一起聆聽曲導演與台灣超人共奏的《生命的練習曲》，讓這位充滿夢想的社會工程師拓展我們的視野、擴張我們的邊界，看見我們想像不到的苦難，以及人超越苦難的無限可能性。

（本文作者為社團法人台灣生命教育學會病人自主研究中心執行長）

推薦序

因為真摯，所以感動人心

于紀隆

因著ＫＰＭＧ安侯建業慈善月活動的機緣，我在二〇二一年二月有幸與曲導初次相遇。

如果您見過曲導本人或是聽過他的演講，相信對於他的真誠態度以及能夠細膩表達個人想法與感受的獨特能力並不陌生。明明好像只是在訴說一個極其平凡的小故事，曲導卻總能讓人感受到生命的重量，再藉由這份感受，讓人懂得如何面對生活中的惶惶不安，並進而發想幫助他人。

二〇二一年四月和曲導第二次見面，當天約好了，曲導團隊和ＫＰＭＧ志工隊要在二〇二一的夏天一同出隊到屏東的社福機構放映3D電影，後來卻因疫情而暫停，希望不久的將來可以和曲導再次合作，完成我們的計畫。現今帶著這份期待閱讀曲導的文字，又見他說話時真摯的神情躍然紙上，輕輕說著生命中的無常、生活裡的感動，但堅定的傳達出與病共存的正面信念。

我對於書中提到特教學校校長所說的一句話特別有感：「其實有時就是因為不了解，而讓我們與這些可愛的孩子有了距離。」當初發起KPMG安侯建業志工日活動的初衷恰恰就是要縮短這個距離，除了希望讓社福機構的老師們有一點喘息時間之外，更期盼能讓同仁們對身心障礙朋友多所認識，因為了解了，就能溫柔對待，並給予所需的幫助。

KPMG志工隊在南區出隊時曾發生過一件小插曲讓我印象深刻。那次，社福機構身心障礙的朋友一上車，司機大哥就說：「要生這種的，不如生聽不到還是看不見的孩子，還比較有用。」活動中，社工老師在車上拿著麥克風跟孩子們互動，因為難得出遊，孩子們也很開心的回應社工老師。到了中午，司機大哥改口說：「這種小孩真的要多給他們刺激，感覺都變活潑了！」活動來到最後一個行程，孩子們上車前，司機大哥發現車停太遠，主動把車移動到方便孩子上車的地點。活動即將結束，在前往車站的途中。司機大哥突然開始分享：「這幾年遊覽車的生意真的很不好做，有許多勾心鬥角、讓人覺得人性很黑暗的事情，但我今天跟你們一整天，我知道這個社會還是有人在做著很好的事情，覺得這個世界還是有希望的！」

認真堅持做一件好事，就能為社會帶來正向的力量，但願我們都能像曲導一樣，如此單純又真摯，並且真誠執著的感動著無數人心。

（本文作者為KPMG安侯建業聯合會計師事務所主席）

推薦序

所謂傻瓜，其實是至情至性之人心中透澈的執著

張鳳齡

我剛做完為曲導、莉丰慧民的募款感恩餐會後，曲導突然邀請我幫他的新書寫序言。時間訂在五天後交稿，哇！這是如何大的重任呀？但是既然誇下海口要當曲導的終身志工，就得使命必達，「全立」以赴，否則怎能彰顯誠意呢？

在認識曲導之前，我也認識一位為了理想而賣掉一棟房子的傻瓜，他就是新華旅行社的老闆：李進生。他經營旅行社的做法很不一般，人多人少不是重點，要能誠信出團才重要，虧錢的痛苦往往自己吞肚內，給客人吃好住好是基本，旅途中安排了各地頂尖的文史工作者，往往一趟旅遊下來，精神和物質都收穫滿滿，一日為客，終身為粉絲。

沒料到當李總碰上曲導，那真是叫小巫見大巫了。後者為了理想賣掉了七

棟房子，小傻瓜碰上大傻瓜了。和兩傻成為朋友之後，領悟了所謂凡人眼中的傻瓜行為，其實是至情至性之人心中透澈的執著。為了理想，忠於自己的內心職魂，義無反顧的「做，就對了！」

今年一月美力台灣到台北美國學校演出，其中有個新埔晒柿餅的片段，十月新竹九降風起時，我便寫了邀請計畫希望老師們能到竹北看漆器、竹編展，順便去新埔吃客家菜，聽藝人拉二胡，看即將消失的打鐵業，最後到柿餅工廠去參觀晒柿餅的一系列傳統產業的極美好體驗。果真從十二月二十日起，學校安排老師們陸續下鄉考察，並做為明後年學生們的校外教學參考。有努力就有收穫，因為曲導的影片，讓國際人士能在台灣做深度旅遊，我覺得很有意義。

曲導本人就是一個傳奇，我看他彷彿以編列百科全書似的鴻觀大志去編導台灣所有的所有，包山包海包人包各種行業，用這樣的心態在編寫台灣的故事流傳後代。今受託寫序，實在惶恐，但也為台灣慶幸，有這麼一位頑強的導演，一直在寫台灣的故事，承先啟後，綿延不絕。

（本文作者為鳳齡生活美學股份有限公司董事長）

自序

勇敢做夢，活在當下

曲全立

做人沒有夢想跟鹹魚有啥區別？

「從台灣坐飛機到好萊塢要十一個小時，但我從台灣到好萊塢卻花了三十年。」從地球到月球共三十八萬多公里，我創辦的美力台灣3D行動電影院在台灣已經環繞台灣約兩百五十圈共二十五萬多公里了，已經超過到月球的一半距離了。我們持續前進在路上，超越三十八萬公里是我的夢想。完全符合美力台灣今年的宗旨：「超越逆境・夢想無距」。

勇敢做夢不分年齡，做就對了。我現在做的事並不是每個人願意做或是能做的，我相信人生沒有一定的歷練與經歷是無法完成的。

不要羨慕別人多有錢、做了什麼事、有什麼成就，他們也有著你不知道的困難與煩惱，因為這一切對我們來說就是人生，每個人在人生的道路上有著各自的使命與成就，千萬不要羨慕，只要祝福。

或許有人稱讚或許有人持著不同意見，但我非常清楚我在做自己。到了這個年紀已經不會太在意別人對我的說法與看法了。做自己本來就是一件難事，做就對了。

知足。人生該體驗的我也都體驗過了，餘生就讓我一直在這路上吧！懂得付出，懂得關懷，更要懂得勇敢體驗人生。不要吝嗇給掌聲與肯定。事情沒有對錯，愛不分對象，善不分大小。我很開心也很滿足。

改變自己面對環境。我能天天接觸到孩子們的笑容與祝福，聽著許多不同夢想，還有台灣超人們激勵動人的故事及滿滿的感動與正能量，我想這一切也是來自我生命的累積與養分讓我如此幸運。活在當下，真的不要再說等一下了。

做自己是一種態度，態度體現價值。

——寫於逸樹家

自序

上善若水，海納百川的修行

趙文豪

那是個飄著細雨的夜晚，在拍攝完超人後，陪同曲導與柏霖大哥一起在一間食堂晚餐，聽著他們分享人生各種滋味，分享為下一代做的事情，也分享面對至親驟然離世的心境。

二〇二一年對曲導而言，是充滿轉折的一年。鬧哄哄的疫情淹沒了媒體各大版面，而在那之前，他的母親離開了。看著導演一路走來的辛苦，用肩膀扛著家，扛著公司，接著又扛起美力台灣，心心念念為了下一代延續做下去。導演是極其感性的人，所以能抓出無數令人感動的點。因為同理心，讓他能結合自己的用心與經驗，讓拍攝對象信任，與所有工作人員毫無隔閡打成一片。卻也因為如此，面對自己時，他有點ㄍㄧㄥ，總是將自己的傷藏起來。

那天晚餐之後，我在後方看著他們的背影，是專注，是真性情，是一起淋雨，一起堅持走過，分享與分擔的始終如一。

從曲導出生的小漁村開始，他與海為伴，胸襟也像大海，用感動人心的影像讓受到紛亂牽引的心停泊，讓孩子的夢想可以徜徉。大海之大並不是數大，而是一種打從初心而來的感動；大海之海也非接連陸地的水域，是上善若水，海納百川的修行。

對於這塊土地，以及土地上的下一代，他有著最深沉的愛、最深刻的關懷，在一路上串起每個人良善的力量。讓我們一起盡一份力，用希望點亮未來的路，用生命影響生命，讓世界看見美力台灣。

緣起

用影像說故事的人

1 傻瓜，一直在路上，沒有停下

那天，我在想著美力台灣能夠如何延續，整晚睡不著覺，索性起身打開電腦找著檔案，剛好看到演講後的大合照。那是在道禾曾先生的邀請下成行，第一站從新竹開始，後來到浙江、杭州、山東、青島、雲南、昆明、四川、重慶、江西、南昌、上海……等地的讀書會演講。

那張相片是在雲南昆明舉辦的演講活動。在演講告一段落後，我們依循慣例開放問答的互動時間，有一位瘦瘦高高的女生，看起來有點憔悴但仍然十分專注的聽著我分享，不時拿手帕擦拭眼角。她在演講後舉起了手，並且平靜的告訴我，她已經一陣子沒參加讀書會了，發現這次的主講者很特別，於是上網找了很多關於我的資料。事先也讀了《這世界需要傻瓜》這本書，在看完了我的人生經歷後，不知道為什麼，眼淚一直停不下來。所以她暗自下定決心，決定要走出來，即便罹患了癌症末期，即便這個過程是相當難以形容的，但更重要的是，她覺得自己必須練習放開心胸，練習拋開那個「我是病人」的想法。她說：「謝謝曲導讓我更有勇氣面對死亡。」看著她眼鏡後的雙眼微微溼潤，我走上前，打開雙臂給她一個大大的擁抱，在場許多書友感動得掉下眼淚，紛紛給她滿滿的祝福。

在擁抱中給她滿滿的祝福。

帶著《這世界需要傻瓜》，在演講中不斷分享。

演講分享，在生命中是很棒的練習。讓感動發自內心深處，與靈魂對話，延伸出另一段感動。對我而言，用鏡頭閱讀來延續生命，用演講分享去激勵生命，生命需要一而再、再而三，不斷不斷的練習。

我當時感受到生命的強韌能量，儘管她說很榮幸能夠聽到我的分享，但我其實內心比她更激動，更覺得幸運。我希望與她分享的，是那股激勵生命的力量。過了一陣子，我收到讀書班其他成員的訊息，說那位同學已經離開了，不過走得很安詳。這讓我想起，我經常與年輕朋友所分享的一段話：「除了生死之外，其他都是小事。」

到了二〇一九年，美力台灣邁向十週年。隨著3D電影車第一哩路的開展，走進台灣的許多角落，並成為偏鄉孩子口中的「夢想卡車」，開啟了他們對於這塊土地與未來的視野。我賣房打造了這部3D電影車，從沒有人看好的藍圖，到現在，自己也沒想到這些種子都扎實的埋進孩子的心中。至今已經累積了二十多萬名學童觀賞，我突然領悟到「傻瓜」的定義，便是不懂得算計與計算。二〇一九年的我，持續跋山渡海，為了記錄華人百工3D影像。我不敢停下腳步，每天不斷的累積與拍攝。

無常讓我決定繼續做對的事

然而，七月的一則新聞震懾了我——「孩子的書屋」陳爸離開了。陳爸只大我兩歲，這則新聞讓我非常的訝異與難過。當時我人還在上海拍攝，看到這則新聞，我含著眼淚毅然決定回到台灣。花了兩個多月整理自己與行李，就是為了回到這塊土地再持續多做些事情。

陳爸與我分別在二〇一八年與二〇一九年擔任普拿疼亞洲區代言人，從此開啟了緣分。普拿疼是國際品牌，攝製的工作團隊來自世界各國的領域專家，他們第一線接觸我們，並用了「真誠」與「關懷」來定義我們。原本透過新加坡的製作團隊介紹，說要讓我們兩位夢想行動家碰面彼此認識，一定會激盪出很多美妙與熱情的火花。

但意外來得突然，終究沒能等到那趟約定。我在電腦前看著新聞，眼淚一顆一顆落下。台灣需要更多人站出來一起做些什麼，如果我不動手，只等著別人來做，那麼情況還是不會有所改變。

於是我下定決心回到台灣，希望延續美力台灣的精神，讓電影車的路延續下去，讓照顧擴及更多面向。尤其在每一次演講或播映以後，現場所獲得的回應都讓我再度感受到這是對的事情，必須繼續做下去。

但計畫趕不上變化，二〇二〇年我一回來台灣馬上碰到全球爆發新冠肺炎疫情，一切都變得很艱難，卻也是轉機，或許一切都是最好的安排。

常有媒體朋友告訴我，我是一個「想法很大，但都會做出來」的人，對我而言，其實就是希望讓美力台灣具有延續性，以及不斷的改變。而這份堅持與應變能力，也呼應了身為影視工作者所磨練出來的本事與抗壓性。有願就有力，我希望透過自己的專業與閱歷，為下一代留下感動與正能量的影像。

當我發出了這個願之後，端育的故事就像一顆善苗，開啟了我拍攝百位「台灣超人」的發想。

我把「超人」定義為「超越自己的人」，希望能夠在社會中傳遞他們滿滿的能量。台灣超人的內容是非常多元的，有關於家庭、關於浴火重生、關於奉獻共好的價值觀，我們希望台灣超人帶給社會的，就是當我們遇到挫折與困難，能夠從這些不畏艱難的故事獲得啟發，然後繼續邁進，這將是台灣超人帶給社會最棒的方向。

在這塊土地上，還有許多美好的故事等著我們挖掘，這些超人可能就在你我周遭，像磁鐵般默默連結著良善的力量，卻是在大多媒體上所看不到的。「台灣超人」前進的背影，就是驅使人們一起向前的正能量，用生命影響生命。這些超人們可能曾被放棄，卻用超越凡人的堅持、不放棄來點亮希望。他們匯集了生命最極致的熱情，來守護台灣的下一代與環境。

2

樹說：慢下來
是要讓你看清楚自己、聽見自己

人生的時鐘無法倒轉或快轉，但我們如何陪著孩子面對問題，學習正面處理的態度，將決定台灣下一代的模樣。

那天，我一如往常提前到了會議室，等著幾位實習的學生。不過平常總是活潑主動的小雯，這次卻沒有出現。我還在心裡惋惜著她上次提了這麼多構想，結果卻放棄了這次的機會，實在可惜。會議結束後不久，她傳了訊息告訴我，因為她剛好看到網路留言板上有人在說她的壞話，覺得世界就要崩塌，情緒陷入了谷底。這讓我開始關注起青少年與網路議題，發現二十二歲以下的青少年面對挫折、困境，以及言論的刺激時，往往不知該如何處理，容易耽溺於負面思考，無法脫身。

有些人會說：「現在物質比過去豐裕，面對憂鬱最好的方法，就是不要想那麼多就好了。」但是這些日積月累的傷口結疤，很難用一句「別想太多」來概括。也是時候讓我們對「成功」的定義作一些改變了，成功不一定是賺大錢，真正的幸福不一定就只有一條路。我經常舉周杰倫的歌曲〈稻香〉作為例子，失敗了那就換個夢想，換一條路，可能會發現更廣闊的風景。

在網路科技時代，手指尖輕鬆一點、一滑，太多資訊輕鬆掌握，資訊傳播的速度越來越快，但卻不一定是對孩子有幫助的資訊。像是聳動煽情的標題，或者充斥腥羶色的內容，造成人跟人之間的比較、不信任與對立。當社會的壓力引發個人的情緒失控，我們不禁想問，世界越快，不是應該要讓我們更快感受溫暖與愛嗎？在疫情期間，我拍了一張照片。那是我院子裡一棵直挺挺的樟樹，我一直很喜歡它，每當我抬起頭仰望著它，總是被它的巨大震懾。我拿起相機記錄著，它彷彿在跟我對話。

樹說：「慢下來是要讓你看清楚自己、聽見自己、找到生命的出口，而不是要你抱怨、擔心、浪費生命。」

回想起遇見端育之後，他的故事就像一顆種子扎根在我的心裡。他是一位重度脊髓性肌肉萎縮症的孩子，也是一位使用眼動軟體的設計師，這個孩子用

雙眼控制滑鼠游標，以眼代手，與外面的世界溝通，並且修圖、作圖、自學日文翻譯等，完成許多讓人驚訝的事。常人花五分鐘就能打好的文章，他必須花數倍時間去操作，但他始終不放棄自我，深深感動周遭的每一個人。

端育就如同「樹說」的一樣，他看見自己，也聽見自己內心的聲音，即使人生被迫放棄許多大小事，但他仍然走出一條屬於自己的路，哪怕路上崎嶇不平，也從未抱怨。

用正向的善苗為下一代建立良善的價值觀

當端育的影片開始隨著行動電影院播放，以及我在演講分享時，都獲得許多反饋。有位校長與我分享前陣子遇到的棘手問題，他們學校有個小學三年級的學霸，學業成績超級優秀，卻不懂得如何與同儕相處，屢屢遭受言語霸凌，所以生活得非常痛苦，長期處於心理低谷而缺少陪伴與關懷，導致憂鬱症。當我在三軍總醫院與主治醫師分享之後，這些經常面對病患的醫師們也反饋給我，擔任傾聽者的沉重壓力。戴著口罩的他們，即便有時看起來沒太大的情緒，但內心卻往往已波濤洶湧。有位治療網路成癮的醫師告訴我，現代孩子自小網路成癮，迷失自我的現象越來越普遍，令他感到擔憂卻無可奈何。巧合的是，當天晚上我到科學園區分享講題，有位擔任工程師的爸爸舉了手，問我：「要如何戒掉孩子機不離手的手機癮？」我反問他，是不是也常在孩子身邊時滑著手機？

他不好意思的搔了搔頭，輕輕點頭。我想他一定是位疼愛孩子的好父親，才會有這樣的

在三軍總醫院與主治醫師分享。

警覺。但有太多時候，我們忽略了自己的習慣正讓孩子有樣學樣。一支手機的代溝，不該是全家人遙不可及的鴻溝。這些經驗讓我開始思考，是不是可以做些事情去挖掘台灣更多的美好，讓下一代從中獲得良善的價值觀。

像端育那樣的生命勇士，他用認真的態度，鼓勵著身處劣境的朋友。而這樣的故事就在你我身邊。每當我問起，你身邊是否有那麼一位生命故事讓人感動到掉淚的勇士？總有許多朋友舉起手，彷彿被喚醒了美好的記憶。

聖嚴法師曾說過：「多想兩分鐘，你可以不必自殺。」因緣際會下，這部廣告影片當年是由我所執導的：「面對它、接受它、處理它、放下它。」我著實在三十五歲事業巔峰那年，走了一遭鬼門關。生命是一種累積，沒有輕而易舉的奇蹟，唯有面對黑暗，用勇氣找向光明。

當我有了這個發想之後，很快有朋友向我推薦台灣超人的人選，在開拍前一週也有平台來找過我，他們有意願贊助攝製，但前提是希望訴諸悲情，甚至用一些灑狗血的方式來挑動觀眾的情緒。我禮貌的拒絕了他們。

台灣需要一股正面的能量，從你我做起，讓周遭的人與下一代孩子都能夠滿懷希望。如果沒有人做，就不會改變，這是「改變自己，面對環境」的下一階段。五十而知天命，我想這是我的使命，就讓我開著超人車，展開環島尋找台灣超人的旅途吧！

在決定之後，很快就在第一個週末展開了環島之旅。我們從金山出發，一路到台中、高雄、台東、花蓮、宜蘭等地，首趟旅程就跑了一千三百四十五公里，我讓自己找回最初在業界的狀態，滿懷熱情，一切從頭做起，用初心去尋找這些讓人感動的故事。

期待能把正面能量帶給下一代孩子。

首部曲

平凡也不凡的台灣超人們

1 尋找台灣超人

每一天我都過得戰戰兢兢。經常睡不好，因為一想到什麼事情就希望趕緊記錄或解決。而時刻感受到的壓力，是對於自我的要求，也是希望不辜負募款響應者的期待。曾有朋友比喻，這就像是一個鎖螺絲的人，不管之前付出多少努力，若是在最後關頭沒有鎖好，最後還是功虧一簣。

在台灣超人的準備期與拍攝期，我遭遇了許多波折，尤其在準備開拍時，母親突然離世讓我對生命有了另一番體悟。以及後來疫情在台灣延燒，不得不拍拍停停，這不只是經濟上的損失，也不斷讓我重新省思，能夠為這個社會帶來什麼樣的能量。我從早期拍攝MV、偶像劇、電影，再從攝影師至導演。我拍攝台灣的百工，甚至拍了3D台灣。人到了這個年紀，追求的不是拍片的過程，而是拍片的精神。所以這次拍攝台灣超人的用意非常簡單，我希望透過那些勇敢堅持的元素，為這個社會注入能量。

我拿著手機記錄到一半，終於忍不住睡去，我夢到白色的雲透出紫色的光，我在逸樹家庭園裡的樹床上，彷彿有個像是張小燕女士的聲音，正輕輕的告訴我，放輕鬆，享受、感受每一刻。

黎明之前的黑暗

「在希望之光照亮世界以前，總是必須在黑暗中經過不斷的變化再變化。」等待日出時，我突然有了這樣的感觸。

從黑夜到曙光乍現，日光緩緩從厚厚的雲層中穿出。我獨自用相機記錄下這個過程，看到生命的感動而眼眶泛紅。我想起破蛹而出的蝴蝶，在翩翩飛舞之前，他們是如何在過程中受盡苦楚，這正是生命的堅韌與變化。

譬如人生，又譬如開拍台灣超人之前所遇到的各種考驗，好不容易磨合出模式要往下繼續的時候，又面臨新冠肺炎疫情，所有計畫被迫中止。常聽到一句話「計畫趕不上變化」，也正是一開頭我提到的，日出以後我們所見的那道光，是歷經外在環境的變化後，調整自己所形成內在的變化。

見到端育的那天，他永不放棄的精神深深打動了我，端育告訴我，他被迫放棄的事太多了，只要還能做的都想把握住。我問他，你最大的願望是什麼？他用微弱的聲音告訴我，他想自己吃飯、自己喝水，然後自己走路。這些大多數人的日常，卻是他難以企及的夢想。端育用勇氣拓寬了生命的各種想像，沒有什麼不可能，只有全力以赴。

在過程裡，感受到困難是學習，不斷重複就是練習。為了拍攝台灣超人，我彷彿回到剛進入這個行業的自己，找回當初的熱情，親自了解現在的攝影設備，包含攝影機、鏡頭等，以及後期會使用到的硬碟，應用最新的8K設備是否會有相關轉檔或檔案格式上的問題。每一項問題，我一間一間的跑，一個人接著一個人的去問、去了解。他們的眼裡都是驚訝與疑問，導演怎麼從最基礎的技術與設備都想重新了解？我的想法其實很單純，在跨出的第一步先歸零自我，也藉著這個機會重新跟上時代的腳步，回到最初的自己，包含發通告、勘景、留意氣象預報等，每一件事情自己從頭做起，從頭做好。

在開拍之前，我開著我的超人車去環島，與第一波拍攝的主角面對面訪談。這輛車在我數年前回到台灣後，陪著我在兩年內就跑了十萬公里，所以稱為超人車實在不為過。為了美力台灣的捐款而不斷奔走，為了讓3D電影車的路能夠延續下去，我也不斷練習改變著自己。

過去的我，是標準的獅子座B型，當會議很難聚焦在同一個點上，急性子的我往往隨即離開。但現在，我有了牽掛，為了讓更多孩子看到這些美好的事物，我不能只是等待機會，也不僅希望把握機會，更要「創造機會」。

把自己歸零，重新跟上時代的腳步。

把困境與障礙轉成愛

首先，我拜訪了楊玉欣女士，她是由總顧問小慧姐介紹的。之前也曾經聽聞過許多關於玉欣的故事，她患有肌肉無力症，而她擔任立委、主播等經歷，讓更多人關注到病友的權利並推動相關法案，即使身體非常不方便，她仍希望行有餘力照顧他人。當天見面，我遠遠就看到玉欣露出甜美的笑容，操作著輪椅快速靠近。訪談中，她神采奕奕說著正在推行的病人自主權利法，滔滔不絕。我注意到這半小時她眼前的水杯完全沒有動過，她告訴我，因為身體狀況讓她很多事情都無法自理，必須靠人幫忙，像是上廁所、吃飯，甚至因為長期坐姿讓身體痛或麻，都無法自行改變姿勢。所以習慣性的計算喝水多寡與時間，避免需要如廁時造成麻煩或其他人的困擾。這段說明讓我相當震撼，日常生活都這麼不便需要旁人協助的她，依然靠著對生命的熱情，把困境與障礙轉成大愛，幫助更多病友。

透過搜尋台灣超人的人選，挖掘到許多因為小兒麻痺行動不便的人，即便現今對抗小兒麻痺有成，卻仍有這樣一群人，必須每天面對生活的考驗。我拜訪了這樣一群台灣超人，有些甚至面臨身體退化與萎縮，一般人只需要一分力就能做到的事，他們卻要用上百倍的力量。但他們並沒有放棄，反而比一般人更活出對生命的熱情與堅持！

這讓我更堅定拍攝台灣超人的信心，他們曾被放棄，卻用超越凡人的堅持來為這個世界點亮希望，他們就在你我身邊，卻很少在新聞媒體上看到他們的故事。因此，我希望台灣超人看到的不只是他們各自的故事，而是重新尋找到台灣人的核心價值，在這些曲折精采的經歷裡，他們如何面對挫折，永不放棄、勇往直前，正

把障礙化為大愛的楊玉欣。

是值得學習的人生智慧，值得被看見的核心價值。

開拍前卻告別了母親

然而，在準備開拍的前幾天，我面臨到生命的再一次轉彎——我的母親離開了。我緊急與寶哥、文豪聯繫，請他們與拍攝團隊聯絡，原本三月要開拍的台灣超人，因為母親的驟然離世只得延後，我必須暫時把腳步停下。

母親離開之後，我每一天與妻子雪芳在靈堂，日日夜夜的想著，也聽其他親戚與朋友說著，我沒能看到的母親的另一面。感謝雪芳的陪伴，她真的將婆婆視為母親那樣照顧著。

家裡的電話再次響起，卻不再是母親熟悉的聲音，未來逢年過節，我還有哪裡可以回去？我彷彿再次聞到母親翻炒的魚鬆香氣，聞到海的味道。父親離開時，我還來不及對他喊出把拔，他也來不及抱抱我就撒手人寰。把拔——就像把孩子拉拔長大的人，而母親身兼父職辛苦將我帶大。她與妻子，以及我的三個寶貝女兒，是我在腦瘤手術前始終牽掛的人。

處理完母親的後事之後，我振作起精神，生命固然因此有了遺憾與殘缺，但正因如此，更需要把握當下，我相信這也應該是母親所樂見的。

想做，拚了老命都會去做

生命總是充滿著變化。當我解決了一個問題，馬上又跑出其他新的問題，當我解決了硬體的使用方式，馬上又碰到新的「人的問題」，一直到拍攝前兩天，一路不斷的排除問題，甚至重新添購了一整套全新設備，都與原先設定的規畫有非常大的出入，但我依然相信自己所要做的——「全立」以赴。

在開拍之際，每天都是考驗，每天不斷碰到新的問題，但我很慶幸過去累積的經歷，讓我能夠「接受變化而產生改變」。我一直秉持很健康的心態，目的只有一個，就是解決問題，而不是發洩情緒，否則問題依然掛在那裡。

演講時曾有不少人問我：「導演遇過最大的問題是什麼？」我總回答：「沒有……並不是真的沒有遇到問題，而是問題不能構成停止前進的藉口，我們總能夠找到辦法克服問題，跨越難關。」

想做，拚了老命都會想辦法去做；

不想做，就會找藉口、找理由不去做。

關關難過關關過

好不容易，一切看似上軌道的時候，新冠肺炎疫情卻突然升溫，不得不中斷拍攝。當時，我們人在高雄拍攝，看著新聞播送疫情，從原先的二位數到破百，再攀升到三位數。這波疫情比起二〇二〇年似乎更嚴峻，於是我們取消了拍攝，回到台北，面對未知，我發現自己的情緒也隨之陷入谷底。

但我相信台灣超人的計畫，未來將會照亮疫情後低落的人心與社會。於是我重新整理了自己的心情，再度投身擬定拍攝企畫，累積能量，期待開拍後能在社會中找到更多共鳴。

永恆的瞬間總是千變萬化中所得來的。疫情終將過去，我們將在黎明時刻，等待破曉，而我們必須帶著下一代——面向陽光，心向陽光。

面向陽光，心向陽光，黑暗後總會迎向黎明。

2 方法加工具，克服挫折，追求夢想
——劉大潭

當我第一眼看到劉大潭老師的時候，心裡想，第一位拍攝對象一百二十公分，而這次採訪的劉老師竟然只有八十公分。天啊！我從來沒有遇過這樣子的狀況，其實有點驚慌失措，不知道該用什麼角度或方式來對談才不失禮。反倒是劉老師很鎮定的打招呼：「嗨！導演你好。」我才被他的自然與自信叫回過神。

訪談中，劉老師騎著自己做的六十三段變速車。他告訴我，他只花了兩百元在回收場買材料，回來自己組裝的。因為行動不便，劉大潭在十多歲就發明了專用的滑板車，就是源自於身體經常在地上磨擦受傷的緣故，希望能為生活帶來便利。

有人稱他為蜘蛛人，也有人說他是用手走路的發明王。劉大潭三歲那年，

用 200 元回收材料組裝成的 63 段變速車。

被誤打了過期的小兒麻痺疫苗，導致腰部以下完全癱瘓，雙腿嚴重萎縮，他再也無法行走跑跳，為了行動，他必須用雙手當作雙腳。也因為他與常人不同的行動模式，從小就在歧視的眼光裡成長。

訪談過程中，劉大潭不時用右手抓起左腳掌，因為坐了一段時間，必須活動下肢讓身體舒適一點，左手手指不經意的彈著桌子，輕描淡寫說出過去被欺負的經驗。他為了爭取更多人的認同，立誓不怕別人看不起，決定用成績來證明自己，因此他拿到了全校第一名，並下定決心未來要靠自己的力量維生。不過，畢業以後依然在求職時被兩百多家公司拒於門外。直到好不容易有人願意試用他，他不計酬勞、免費加班，希望讓老闆看到他的決心與能力，終於獲得肯定，一路升職。也奠定了他後來開立自己工廠的基礎。

在劉大潭的工廠裡，許多產品都是他親自設計製作的。他的腰椎已經成了S型，但仍然每天工作十六個小時，坐著撐不住便趴著，趴著受不了以後又撐著。我聽了很不捨，卻也打自內心佩服。劉老師接著告訴我，說他每天大概看一個小時的新聞，目的是什麼？他想了解社會上發生了什麼事？他能如何幫助社會弱勢。

此刻我才恍然大悟，這就是劉大潭辦公室牆壁上那兩個字——關懷的初衷與實踐。他不僅是台灣第一位身障發明家，更是擁有兩百多項發明的發明大王，而這一切都始於對旁人與社會的關心，然後用發明創造工具，再用工具幫助旁人解決問題。我非常喜歡他講的一句話：「如果我們做事情懂得用方法加工具，會讓你的這一生平步青雲。」

用發明幫助別人解決問題，一個把夢想與興趣發揮到淋漓盡致的超人。

3 生病讓生命變清晰，讓死亡變激勵

——楊玉欣

玉欣給我的第一個感覺，就是笑起來很甜很美的一個人。其實，我在很久之前曾在媒體上看過她，當時的她是位主播。玉欣十九歲時，正值令人稱羨的青春年華，人稱音樂才女，有著令人看好的前途。但卻晴天霹靂般被確診罹患罕見疾病「三好氏遠端肌肉無力症」，除了行動不便之外，四肢會逐漸萎縮，最後蔓延到器官與肌肉，造成纖維化。這是個無藥可醫的病症，所以醫生告訴她不必再回診了。玉欣霎時腦海裡一片空白，沒多久，姐姐與父母嚎啕大哭的聲音打醒了她，於是回過神，思考未來該如何才不會麻煩到身邊的人。難過是一定的，但她發現自己沒有時間悲觀。也正是這樣的個性，讓楊玉欣走出一條不悲情，讓死亡變激勵的不凡道路。在拍攝過程中，我們要去探訪一位她的病友，但那棟屋子是棟老公寓沒有電梯，必須使用電動椅坐到樓上。然而我們抵達後才發現那張椅子久未維護狀況不佳，她一坐上去就差點摔下來，我覺得太危險，告訴她：「玉欣，我們今天就不要上去，這太危險。」她卻告訴我：「導演，不行，我既然來了，就要想辦法上去，我想要幫助病友。」玉欣從上下車離開到每一個座位的時候，都需要有人把她抱起來，我實在不忍心，默默在想：「妳身體都已經這樣子了，為什麼還要那麼辛苦去幫助別人？」

然而這就是楊玉欣，她的行程比我們都還忙，要約她至少要約十五天以後，因為她總是忙著不斷幫助他人，玉欣告訴我：「我非常慶幸，雖然身體慢慢在萎縮癱瘓中，但是我有一個非常清楚的腦袋，可以幫助更多人。」

這是我第一次聽到病友用這麼正面的態度看待這件事，認為身體慢慢萎縮是件值得慶幸的事。這不正是台灣超人最好的體現嗎？

我經常與朋友分享，「換位思考」能讓我們看清生命的角度。有時我們經常為了一件事情鑽牛角尖，但其實事情的本質沒那麼困難，難的是我們固執在自己看到的視角。如果我們都能換位用對方的角度多想想，會更能了解對方的難處，問題也就不僅僅一種解法了。楊玉欣的故事正是如此，在遭逢生命巨變時，她首先想到的，仍是身邊的人，以及更多與她一樣不便的人。

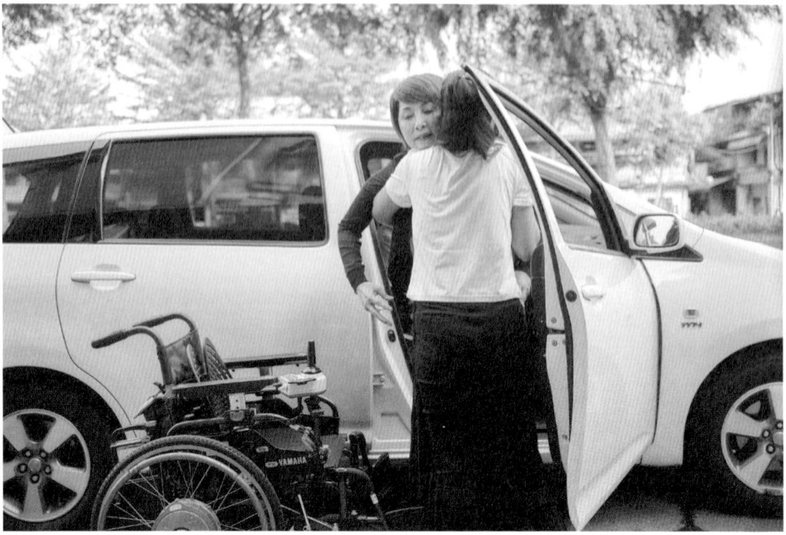

即使上下車都需要協助，她依然希望盡一份心力幫助與她一樣不便的人。

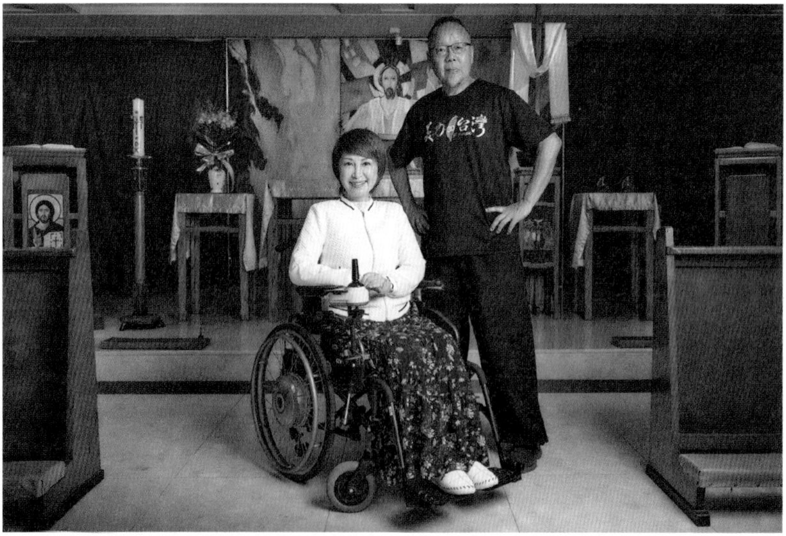

甜美的笑容與正面思考，融化了身邊每一個人。

4 父母做對了，往往孩子也在這樣的路上——王志揚

在美力台灣台北、台中、宜蘭與高雄的記者會上，都曾經邀請志揚表演書藝，場場獲得滿堂喝采。而他的故事也相當不凡，當女兒還不到三歲的時候，妻子驟逝，志揚一個人帶著小小的女兒，展開漫長的單親之路。

就如同志揚最常寫的字「彎」，代表著生命的曲折，也正如他的人生。除了獨自撫養幼兒，他還必須同時照顧養母與生母。一個人撐起整個家，不能讓女兒感到失去了依靠。

在志揚位於鳳鼻頭海邊的家裡，他的房間空間極為窄小，堆積了許多漂木的作品，還有許多書法作品、大大小小的名片或廣告文宣，都成為他的筆記與習作。志揚寫的每一個字都有靈魂，並且透過他的口說演講來延伸，就像與美力台灣的認識，志揚在裡面看到了良善，以及不斷前進的動力。也因為正能

量的吸引，彼此有了結合，像字的筆畫綿延不斷的寫出一篇篇感動的故事。

採訪過程中，突然看到志揚桌上有一本筆記本，不經意問他是誰的？沒想到竟然是女兒的。在場看到的人都非常驚訝，怎麼會有一個孩子的筆記做得這麼好？我自己看了都覺得慚愧，而且完全是女兒自發性學習，不是大人教的。這讓我非常好奇志揚對孩子的教育理念，於是決定採訪志揚的女兒禧語。

我問禧語，單親的身分有沒有讓她在成長過程中遇到取笑或歧視？她說沒

字的筆畫綿延，寫出一篇篇充滿愛的故事。

有，只是常有同學會覺得：「禧語沒有媽媽，好可憐。」但禧語總是面帶笑容的說：「可是我的爸爸比別人的一個媽媽加爸爸還要來得厲害。」這就是家庭教育的影響，充滿愛的教育下，孩子就能有正能量面對所有困難。

志揚說過，大人怎麼做，孩子就會跟著怎麼做。所以自己要有好的身教，才能做好孩子的教育。單親家庭在現今社會裡已經不算少數，但不論單親或雙親，教育的準則都一樣，以身作則，正向樂觀看待一切，孩子就會帶著正能量，面對未來的一切考驗。

志揚與美力台灣的結合，也是一種良善的循環。

志揚與禧語，一個有愛無礙的家庭。

5 深耕花蓮，傳承表演藝術

——朱德剛

美力台灣有一群志工爸爸團，是陸軍樂隊的學長團，參與過幾次聚會，大家喝的不是酒，是那份男人間綿延而不需多說的友情。也在這樣的連結下，我認識了朱德剛老師，成為我在第一輪環島尋找超人的旅途中，在花蓮找到的超人。當時，朱老師已經慢慢把演藝事業的比重放掉，回到花蓮深耕表演藝術。他說，因為花蓮主要以觀光為主，許多人對表演藝術的傳承意識沒有那麼強烈，所以做得非常辛苦。他成立了「八斗喜說演班」，阿美族語的「八斗喜」是說唱表演給人快樂的意思。而八斗同時又帶著「才高八斗」的寓意，期望後起之秀個個才高八斗，達成「人人愛看戲，個個喜開懷」的目標。

拍攝時，所有工作人員的眼睛都離不開朱老師，嘴角也都不禁上揚。每個人都被朱老師的專業、熱情、幽默感染，這也是台灣超人的一項重要特質：保

一開口，熱情與幽默便迅速感染給身邊的每個人，讓人移不開眼睛。

帶著團隊深耕花蓮，傳承表演藝術。

持樂觀。因為樂觀，所以不畏辛苦把表演藝術回饋到花蓮這塊土地，過程始終都是快樂而充實的。朱老師接觸相聲的起源也充滿故事性，父母都是山東人，有次家裡買了捲相聲錄音帶，小小年紀的朱老師深深著迷，不斷反覆聽著，在心底埋下熱愛相聲的種子。不過所學與退伍後的第一份工作都與相聲沒有關聯，是到了憲光藝工隊才開始有機會與人學相聲，但當時的環境下，光靠相聲根本無法維生，所以為了能留在舞台上，只能一邊開計程車維持生計，一邊精進自己的相聲功力，並不斷尋找表演機會。

這段時間的朱老師過得其實並不開心，明明熱愛相聲，卻得困在駕駛座小小的空間裡，不斷往前開。直到後來有天醒悟，才明白那段時光就是上天給他的「會客室」，讓他透過開車接觸人生百態，更懂得觀察生活周遭的細節，轉化為創作的能量。後來遇到李國修等貴人的扶持，準備好的朱德剛終於可以一展所長，擁有固定的演出機會，投入在自己的興趣裡。許多人認識的朱德剛，是相聲演員、表演演員，曾獲金鐘獎、金曲獎等大小獎項，我看到他的付出，就跟那句老生常談的話呼應——努力不一定會成功，但成功的背後需要不斷付出。

6 從診所到宅醫療，我才覺得自己是一個真正的醫師

——林易超

林易超，是東台灣首位（也是目前唯一一位）到宅醫療的牙醫師，背起三十公斤重的醫療包，設備沉重而龐雜，而他卻是個行動必須仰賴拐杖，走路不方便的小兒麻痺患者。卻毅然決然開啟了到宅醫療服務，對象是脊髓損傷、中風癱瘓與植物人等身障與重症的患者。我跟林醫師是在二〇二〇年十二月三十一日晚上10:10認識的，那天他剛好參加了美力台灣一個跨年播映，看完以後非常感動，於是買了我們的書。那個時候我才知道他是個牙醫，後來我查了才知道，網路上有很多關於他的故事，於是決定邀請他作為拍攝對象。

林醫師服務的對象是躺在床上的病患，因為無法外出，才需要到宅醫療服務。林醫師自己也是個行動不便的小兒麻痹患者，但因為症狀比較輕微，而且

年紀還小的時候就接受了治療，所以穿著一副鐵腳就能行動，但其實行走的過程也不是很方便，所以有時候還必須加上兩支拐杖輔助，才能順利出門。

到宅服務的時候，他還必須背負很多醫療器材，並且帶著助理一起去診療。我一開始聽到的時候還不懂困難在哪裡，以為不過就是換個場地而已。後來才發現原來牙醫屬於外科，不是內科，所謂外科，就是必須使用許多設備，所以增加了行醫的困難度與風險。

到宅醫療服務對行動不便的林醫師來說，是沉重的考驗，但他卻樂此不疲。

所以當我看到他拄著拐杖，拖著醫療器材的背影，真的很感動。我問林醫師：「你的經濟算是穩定，可以過上安穩的生活，何苦再去做這麼辛苦的事情？」林醫師告訴我：「曲導，我第一次做到宅醫療服務的時候，才覺得自己像一個真正的醫生。」要不然他總是覺得自己只是一個補牙匠，只是一個賺錢的醫生。

為什麼這麼說？因為他做了到宅醫療服務之後，才開始真正去關心病人的狀況，甚至還會去關心家屬，很讓我感動的是，他在每一次診療之後，都會幫家屬做禱告，形成一個很好的醫病關係。我自己在二〇〇二年曾經被醫生宣判只剩下半年的生命，遺照、遺書都拍好也寫好了。但是我後來遇到一個非常好的醫生，因為他讓我相信醫病關係，我才能夠活下來，所以我非常理解林醫師做這樣的事情。在拍攝的過程中，發生過一件突發狀況，讓我了解到宅醫療是多辛苦又高風險的一件事，就是病人嗆咳，為什麼非常危險？因為到宅醫療的對象很多都已經是重症了，躺在床上不能動彈，也無法吞嚥口水，甚至於植物人。醫療的過程中口腔會有水，病患無法自主吞嚥，就會嗆到。過程中，那位病人的臉部已經開始發黑了，林醫師與助理拚命急救，但林醫師的一隻腳是沒有力量，不方便使力的，所以這種狀況對他是一個很大的挑戰，可是這些問題永遠避免不了，他只能盡力把它做好。在台灣，各個城市鄉鎮裡的牙醫診所遍及各處，但到宅醫療卻只有林醫師一個人。林醫師告訴我：「在不完美的世界裡，還是有完美的事情發生。」

我延伸著他的話，再為台灣超人下了新的註解：「上天給了他們一個不完美的人生，但是他們『卻』做著讓別人完美的事。」

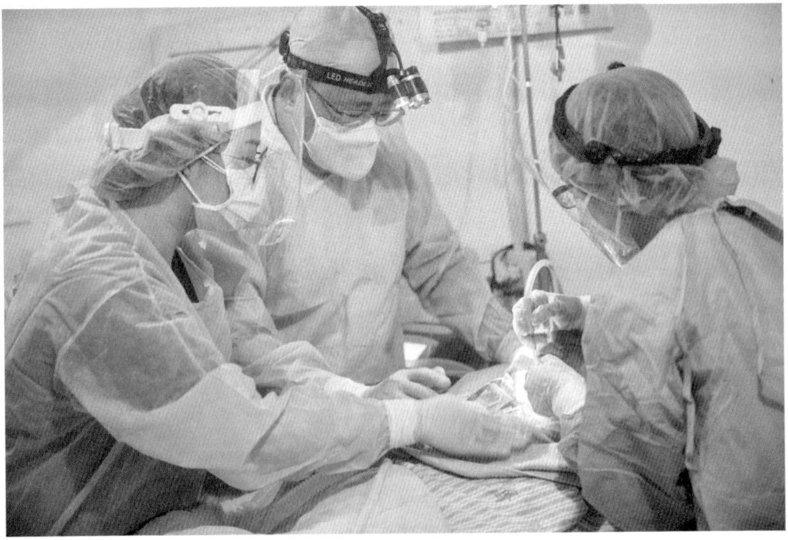

把專業帶給更多需要的人，在不完美的世界裡讓完美的事發生。

7 帶著唐寶寶樂團吹出動人的生命樂符

——林啟通

一走進林啟通老師的音樂教室，就能聽到動人的音樂，他帶著一群唐寶寶用善與真的樂符，傳遞出愛與溫暖，令人印象深刻。

其實，林老師並非學音樂出身，原本在夜市裡擺攤賣衣服的他，在因緣際會下學會吹陶笛，碰上了這群天真可愛的唐寶寶，便決定用音樂來與這些孩子交流。

林老師說他在做的，就是「用生命影響生命」。因為唐氏症寶寶先天上有許多相較於常人不足之處，例如手指短、吐氣短、理解力較差及弱視等問題。對一般孩子來說很簡單的Do Re Mi音調，他們有的可能要花兩三年才學會，更遑論音階充滿變化的歌曲了。因此，如果唐寶寶們想要受到正統音樂教育，不僅非常昂貴，也非常考驗老師們的耐心。

看著他們專注於音樂的神情，深刻感受到音樂發自靈魂，撼動人心。

所以林啟通決定就由自己做起，一個音符一個音符慢慢教，但期間遇到的困難與挫折，也曾讓他萌生放棄的念頭，但是當孩子們跑過去擁抱，說一聲：「老師你辛苦了，謝謝你。」這些鼓勵又成為堅持下去的動力。於是，為了帶這群唐寶寶，林啟通試著去揣摩唐寶寶說話的方式，進而了解他們的思考模式。不僅帶他們學陶笛，也學數位吹管、薩克斯風等樂器。更重要的，是林老師在教音樂之外，更希望帶著大家走出去接觸人群，藉由音樂，讓唐寶寶擁有自信。因為林老師的用心，這些充滿希望與愛的音符也貫串了每一個孩子的家庭，給予溫暖柔軟的擁抱。

每次課程結束，每個孩子都會給林老師一個大大的擁抱，並且在耳邊講一句悄悄話，這充分展現了他們之間的信任與默契。林老師教的不只是音樂，甚至教的是孩子的未來。

當我看到孩子們穿著禮服演奏音樂的時候，深刻感受到他們對音樂的熱情，有人吹著陶笛，有人吹著數位吹管，全都跟著音符搖擺著，自信而開心。這種發自靈魂的音樂，更顯震撼。

身心障礙的孩子也和一般孩子一樣可以玩音樂，雖然學習慢了點，但依然可以做得到，林啟通老師帶我們看到了這點。就如同他所創辦的大器樂團，名稱宗旨來自於《華嚴經》的一段話：「凡欲成大器者，必先千錘百煉，而後精雕細琢，再是才氣橫出，終至獨一無二，使成之。」只要願意付出愛與耐心，每個孩子都能成大器。

林啟通老師的愛與耐心，帶唐寶寶們看見光，走入人群。

8 任重而道遠，把他鄉當成故鄉

——吳道遠

台灣有一群來自於海外的神父，花了幾乎大半輩子在台灣耕耘。像是宜蘭童玩節的推手秘克琳神父，現年八十七歲的他來自義大利，二十九歲來台至今。三十一歲時，秘神父成立了蘭陽舞蹈團，透過藝術的傳遞，讓世界認識台灣，突破當時的外交困境。在花蓮的劉一峰神父，現年八十歲的他來自於法國，在花蓮成立二手物流中心，將所得幫助安德啟智中心。

現年七十八歲的吳道遠神父也是這群默默耕耘的神父中一員。他在二十八歲時從家鄉瑞士來到台灣。名字顧名思義，任重而道遠。吳神父學以致用，用畫畫治療無數需要早療的孩子與智障青年，並以體適能與社區服務的方式，照顧社區的老年人，還有更多需要幫助的人。

吳道遠神父為台灣付出了五十年，給身心障礙的孩子一個空間，讓他們自

五十年過去，絲毫不減吳神父對台灣這片土地的愛。

由發揮與創造。他用「表現畫」製作首座創意品，並以代工包裝的方式，讓孩子能夠走入人群。

吳神父曾經說過：「尊嚴，人人擁有。」而他也一直身體力行的這麼做著，並影響身邊的每個人。老子在《道德經》裡講過：「道可道，非常道」。孔子說：「朝聞道，夕死可矣。」《禮記》也說過：「大道之行也，天下為公。」相信「道」不僅僅是被掛在嘴上，寫在書裡的道理，而是真誠的把愛與善傳遞給每一個人。吳神父的一生便是最好的見證。

9 認真打磨超過一甲子的真功夫

——郭常喜

「什麼是功夫？功夫就是你知道我在做什麼，卻做不出來。」這是郭常喜老師在鑄劍的工作中領悟的人生哲學，這一番話出入於生活，也是文化，裡面的道理更是知易行難。

郭老師的興達刀鋪位在高雄茄萣，在李安導演的《臥虎藏龍》中的青冥劍和四五百件兵器都出自郭老師之手。郭老師十三歲國小畢業後，就開始跟著父親學習，他對兵器刀劍的癡迷是數一數二的，讓他從過去的百工職人精神，延伸到文化傳承。

十多年前就拍攝過郭常喜老師，不變的是他依然親切，依然每天與爐火為伍，一年到頭穿著被火花穿洞的破衣。但歲月不饒人，他的頭髮白了一點，皺紋多了一點，體力也少了一點，也無法再輕鬆拿起重重的錘子。甚至我希望他

認真打磨的人生態度，在每個匠人身上展露。

能夠寫幾個字，受傷的手都無法做到。但他對打鐵文化的熱情，卻是一點都沒有衰減。

我想起二〇一七年邀請老師到《美力台灣3D》首映會時，面對全場觀眾，他哽咽的說不出話。我看到他淚水裡的辛酸，無人傳承令他憂心，弟子來來去去，當時的大弟子甚至還是一位來自加拿大的外國人。

今年再見到郭老師，他的專注依然讓人感動。而他的首席弟子石川也即將回國。郭老師告訴我，在石川準備返國以前，他送給石川打磨小刀的機器，希望石川能夠憑藉自己的技術，找到謀生之道。

在郭老師的心中，唯一盼望的就只是如何把傳統技藝傳承下去。這十年間他上遍了大小節目，初衷始終不變。而這些收入及廣告代言所得，也都全數捐獻。他的故事，再多篇幅都無法說盡，值得我們一再閱讀。

10 面對陽光，走向前方

——陳美麗

一九九一年十二月，二十七歲的陳美麗參加一場婚宴，沒想到竟遇上一場大火，三度灼傷，腹中胎兒也不幸因而流產。在進行了六十多次顏面重建手術之後，也失去了正常的排汗功能與視力，手術過程非常艱辛漫長，用了她全身上下可用的肉，來補那些可以被看到的器官。

嚴重燒傷讓她失去了調節體溫的排汗功能，只要天氣一變熱，皮膚就會發癢、起水泡。眼睛的視力只剩下百分之五十。鼻子是用耳朵刮下重新造的，所以吃東西遇到比較細小的食物，像是麵條，就很容易掉下來。

陳美麗從小由於單親，養成獨立的個性，高中就從彰化離家到高雄發展。她曾任職理髮院，也擔任過櫃姐，後來到台北工作也是從事服飾相關產業，幾乎是美的代言人，所有最流行的元素都能在她身上看到。而那場大火改變了她

走向人群，面向陽光，你就會看到光。

的外表，也改變了她的人生，開啟了從未想過的風景。

因為不想受到異樣的眼光，她染髮、做造型，希望讓人家看到自己已經走出傷疤，也讓傷疤成為昇華的印記。她不要成為一個被同情的講師，或是一個有缺陷的人，她要成為一個有個人特色的老師。於是她勇敢走進人群，擔任臉部平權的代言人，關心傷友，希望能帶著他們一起找回正常的生活。

其實面對來外在的眼光，美麗老師也曾抗拒擔憂，心想：「我要怎麼帶著這張糊成一團的臉，面對自己跟未來？」但從擔心人家怎麼說怎麼看，到坦然接受所有眼光，她發現其實自始至終這張臉都沒有改變，差別只在於是否能夠接受自己、直視傷口，這個過程與轉折是需要不斷練習的。

當我們面向陽光，看到的就是陽光；相反的，當我們背向陽光，看到就是自己的陰影。美麗老師的故事就是最好的見證，她分享人生的歷程，「享受」付出，做一個面向陽光的人。

11 台灣超人，讓你看見滿滿的感動與正能量

台灣超人的成員是非常多元的，裡面包含了發明家、醫生、牧師、神父、企業家、運動員、將軍、老師、教練、單親爸爸等。希望透過社會上各種身分行業的超人，從不同角度切入，看見生命的價值。

當然，台灣超人的故事不只有這些，超人的故事每天都在你我身邊上演。他們就像陽光，是照亮世界的能量。在拍攝超人的過程中，我常常看著畫面便不由自主的掉下眼淚。這個眼淚是感動的淚水而不是悲情，是讓我能夠繼續走下去，充滿力量的眼淚。

「我真的非常幸運。」我在過程中不斷告訴自己。能夠在這麼短的時間內，遇到這麼多、這麼棒、這麼有能量的超人。我相信這些超人的力量絕對可以帶給孩子很多不一樣的視野。

很多事情你不知道，沒有看過，並不代表它不存在。儘管我們在主流媒體上不容易看到這些故事，但他們卻像一道道光束，可以穿透灰暗，讓生命綻放成最美麗的花朵。

我希望透由這些超人的現身說法，讓孩子理解付出、關懷、勇敢、堅持、樂觀的精神，不畏艱難、傳承文化、服務利他、回饋社會，進而體現共好的價值觀，看這些跨越身心障礙，精采動人的生命故事，用感動喚醒靈魂，用生命影響生命。

每每遇到這些超人的時候，總覺得自己的病痛與人生際遇跟他們比起來，其實真的是微不足道。

請看我的心

「今天的生活態度，決定了你明天的生活。」人生的價值完全取決於你看到人生的態度，不管遇到什麼樣的考驗與磨難，態度決定了你怎麼生活。

我拍過星雲大師的《病後字》，影片裡的第一句話就是：「請看我的心，不要看我的字。」在接觸了這麼多超人以後，這句話重新讓我領略了背後深處的意義，尤其是這些超人的人生大多是不完美的，但是他們所做的每一件事，都是希望別人的人生更加完美。

台灣超人之中有些身心障礙的朋友，越與他們接觸，你越會發現他們內心美善的可愛。他們屢次在人生顛簸的風浪中躓踣，對人生的態度卻始終懷抱熱情與希望。重新省思星雲大師的話，不也是要我們不能只看這些朋友的外表，而是看他們的心嗎？

台灣超人的故事將透過美力台灣3D行動車播映，把影片帶到台灣每個角落，讓每個孩子都有機會看到這些故事，為他們灌注愛與關懷的泉源，把正面的價值觀匯集成更大的力量。

不做不會改變，我希望在餘生能夠繼續用我的影像專業，持續用攝影記錄這些感人的生命故事，這是上天給我最大的恩典。

二部曲

沒有輕而易舉的奇蹟

Rakuten

1 一個不斷挑戰自我的怪咖

大概在二〇〇二年，一個切除腦瘤手術，改變了我後來的人生。經常在演講與許多分享的場合提到這段生命經歷，總讓許多人非常感慨與感動。確實，誰也不願意生病，但這些狀況是不能選擇的，既然找上自己，只能選擇面對。包括神經嚴重受損帶來的後遺症，讓我一眼看不到、左半邊聽不到，還有顏面失調、身體無法維持平衡，以及吞嚥問題讓我常常嗆到導致無法呼吸，多次在睡覺的時候吞嚥口水造成呼吸困難，從夢中驚醒，甚至我還有很嚴重的呼吸中止症。有時候也會想，或許有天在睡夢中就走向人生的終點。但在這樣的過程中，我反而在內心建立起非常強大的意志力。既然生病是不能選擇的命運，但我可以選擇面對它、接受它，然後放下它。

其實人多少會面臨一些身體上的病痛，有時候不願意面對，反而造成生活上的困難。我曾經接受過單側聽損協會的採訪，發現台灣竟然多達二十萬人有這樣的問題，含括各年齡層都有。發生在孩子身上的時候，他們不說，很可能是根本不知道自己聽力有問題，可能因此造成別人的不理解，也造成學習障礙，以為孩子只是調皮搗蛋，不認真學習或把自己的話當作耳邊風。也有不少成年人會刻意隱瞞耳朵聽不到的問題，因為害怕遭受同事異樣的眼光，嚴重一點，甚至導致工作不保，所以選擇隱瞞而不願面對。回想起來，我也碰過這樣的狀況，因為聽力問題而造成彼此的誤會。

手術以後，我喪失了半邊的視力，聽力也只剩下半邊，但另外聽得到的那半邊，卻總伴隨著非常大的耳鳴，像有個很大的罩子蓋在耳朵上。有幾次對方在不理解的狀況下，以為我刻意擺架子不理他，酒酣耳熱之際，在我左邊說要敬酒，說了幾次我都沒反應，突然大喊著：「導演了不起啊！」把桌子都要掀起來了。直到其他朋友跳出來說明，告訴對方我的狀況，對方才恍然大悟的連聲道歉，緩和了衝突。事情過去了，但過不去的卻是自己的心情。在難以調適的狀況下，自己又是B型獅子座，標準愛面子的個性，一方面不想人家誤會，一方面也想到不順利的後果，於是選擇盡量避免那些社交應酬的場合。現在看來，也是某種程度的逃避。

選擇自在，自己要在

因為重生，了解把握當下更是重要。一路以來，我都是拖著不健康的身體來拍片。星雲大師曾經送我四個字：與病為友。他告訴我既然發生了，便與病症和平共處，像是每當面臨換季，我就會不斷流眼淚，但我試著轉念，將這些痛苦的過程做為自己反向的激勵。多年下來，我練習專注於想做的事情，那麼就完全不會有病痛的感覺。有時還會自娛娛人的說自己天生勞碌命，只要一休息就會將注意力放在暈眩、耳鳴，以及全身的病痛上。因此，我練習自己讓病痛消失，就是選擇自在。

自在，自己要在，不只是形體上的存在，而是精神、心靈上都能夠讓自己感受到自己的存在。年輕的時候，我也曾經不斷追求某種事物，但因為人生的經歷，讓我看到更多，感受更多。

我們常說，做人處事，必須先學做人，再學專業。如果追求專業的目的，是為了追求富裕那些私己的欲望，就很難用好的價值觀去做事情。做事之前先學會做人的道理，在當下做真正的自己，才能夠自在，而非為了別人而活。很多道理都是知易行難，我開始練習實踐，也開始練習慢慢與人溝通。當我聽不到的時候，其實可以提前告訴對方自己的狀況，請對方理解。不過在疫情期間，每個人戴著口罩，我幾乎沒有辦法判斷訊息，我只能在狀況允許的時候，跟對方說對不起，能夠把口罩拿下來說嗎？因為我必須用讀唇來輔助聽力。

我常說，自己是一個不斷挑戰自己的怪咖。為什麼想

病痛不能選擇，但我可以選擇面對它、接受它，然後放下它。

不斷挑戰，就是希望讓自己學習，從「不了解」到「了解」就是學習。許多朋友常說我不按牌理出牌，一兩年不見，馬上又帶來新的東西，不僅在影像攝影的專業，包含生活也是，他們往往用「羨慕」作結，說自己將來也想要用這樣的方式過生活。

實踐的道理很簡單，就是自在，必須在當下「做自己」。選擇去做，就是挑戰；不做，就沒有機會。選擇去做，每一件事的學習都會在心裡扎根。所有成長的過程都是

星雲大師曾經送我四個字：與病為友。對我是很大的鼓勵。

養分，即便失敗，都是最甜美的養分。

在影像攝影專業不斷接受挑戰，每一個學習都會在心裡扎根。

2 操煩的生活，或超凡的生命

我的處事原則是「急事緩辦，緩事急辦」，經常聽很多人說自己很忙，把人生目標都擺在遠方，成為一種憧憬。像是去爬山、學畫畫、去幫助他人，卻忘了其實這些都是現在就能做到的事。把「忙」當作理由，不斷累積小事，心想等一下去做、明天再去做，慢慢累積多了，成為一股腦壓垮自己的壓力，也重重壓住自己的情緒。其實當下快速處理、快速反應，事情往往就不會有這種結果，問題的根柢只在於自己要不要做。做了，中間有瑕疵的部分可以經過調整，成為一種模式，多做才會熟練，才會建立行動的模式。這也就是為什麼我總說：「做就對了！」

術後，我對於自己感到排斥，不喜歡笑、不喜歡走進人群、不喜歡讓人看到我當時手術後遺症的模樣：眼歪嘴斜，不由自主的流著口水。但是，每個人都有自己的關卡要面對，究竟我活著的目標是什麼呢？

於是我了解到自己必須轉念。要選擇「操煩」的生活或是「超凡」的生命，就是轉念後的禮物。人生的遭遇彷彿冥冥中有安排，總有突如其來的事情讓我們忙得水深火熱，好不容易告一段落獲得半刻清閒，又有另一件事情來填補，總是讓我們的腳步閒不下來。

二〇二〇年，新冠病毒疫情大幅改變全球每個人生活的方式，許多國家都陷入水深火熱的狀況，正當我們為此自信，二〇二一年五月，疫情也迅速在台灣全國蔓延開了。

然而，生命本就是充滿著變化，每一天也不斷在改變。過往累積的經驗與歷練讓自己增加了管理與邏輯的能力。面對改變，我們能做的就是「以不變應萬變」。不變並非一成不變，而是像老子說的「道」，道的核心價值不變，但是隨時做好準備，應對著改變。

透過攝影機閱讀人生

我很慶幸自己一路上不斷累積拍攝的專業，拍MV、偶像劇、廣告、紀錄片、拍3D電影，包括現在進行的台灣超人，在拍攝現場導演必須用自己的視角與觀點，以及細微的觀察力來做詮釋。被拍攝的人必須放得開，讓我走入內心，但在這過程裡，如何引導主角並且獲得信任，是我在進入這行後非常享受的一部分。每個人用不同的方式來閱讀人生，而我就是用攝影機來閱讀，即使遇到不同團隊，使用的語言不同，影像就是我們共通的語言。

拍攝時，我必須在很短的時間內了解對方。透過溝通與調整，讓影像不僅是表面的美，還必須挖到訪談者內心深處，讓他們願意分享更多對主題有助益的素材。訪問對象遍及各行各業，有時也需要使用專業術語來溝通，除了影像是共同語言之外，我還必須上知天文，下知地理，才能與他們天南地北的聊。這也促使我去了解許多相關常識，感謝曾經在我鏡頭裡出現的每個人、每件事，那些都是日後成就我的養分。

在每次的拍攝或碰面，我都會試著找到對方的頻率與節奏。當我們在同一個溝通的頻率上，才能快速拉近距離，快速切入主題核心。常有朋友說，自己總能很快找到重點而主導，但對我而言，其實更需要的是事前的準備。

因為與這些匠師接觸，當有人聊到台灣的林木，我能夠侃侃而談，台灣在

把眼睛放在心上，用攝影機去閱讀。

不同海拔與高度，有什麼不同的植被與樹種；當人家聊到房地產，我一樣能提供一些從建築行銷到買屋賣屋、室內設計與庭院規畫的經驗，加上我影像的專業，例如如何運用光影、構圖的攝影原理；提到下一代的發展，我也接觸過許多教育者、社工；因為生命的經歷，我更能投入分享那些感動的故事，試著看到更深入的一面。我把眼睛放在心上，用攝影機去閱讀，不斷去理解、去體驗更多的知識，而這些都是我在生活中，不斷學習與練習的。

我們面臨的世代已與過去不同，影像可以帶來創意刺激，因此在數位時代，我用3D實拍來記錄，也透過AR擴增實境作為應用。希望透過自己的專業，在每次巡迴展演的半小時內加深孩子的印象。

面對疫情，我們可以選擇慢下來或停下腳步，預先準備未來即將面對的事情。這樣的過程，就是一種習慣，我們或許不知道現在學的什麼時候會用到。但我可以很確切的說，我們所做的每一件事情，或許現在用不到，但這些生活的累積，都會是未來面對問題與解決問題的關鍵。

3 聲濤，面對外在的聲音

聲濤，是站在臨岸聽著波濤洶湧的浪濤聲。書法家寫出的聽濤，讓我震撼許久。站在字旁，彷彿聽到每一回驚滔駭浪的聲音令人驚心動魄。就像小時候常唱的歌曲：「白浪滔滔我不怕。」而這些駭人的浪濤聲，其實就像現代人面對網路上的聲音。

所謂聲濤，是聽濤，是形容當我們遇到那些難以承受的聲音或消息，例如在網路上遇到透過鍵盤做出的言語霸凌，當然是非常難受與害怕的。但這些躲在網路裡批評的人，正是因為匿名而自覺不必負責，所以經常使用帶有傷害性的言語。網路社群媒體、通訊軟體平台上，可能一篇匿名的網路評論就足以打倒一個人的意志。面對這些浪濤聲，我們不妨閉目傾聽自己心跳的聲音與呼吸的節奏。

人生的大事只有生與死，其他都是小事

我們難以預知下一刻會發生什麼事情，最好就是把握當下，不要說等一下，珍惜身邊所有愛我們的人。某天，我在網路上看到過去燈光師小朱的著作《等你回來，雖然你從未離開》出版，我與小朱以前曾經一起拍過廣告，一開始只覺得名字有點熟悉，在網路上一查，才發現那是他的妻子燕子所寫的。某天燕子一如往常在廚房準備晚餐，等著小朱騎車接孩子回家。然而，接下來的消息卻是在急診室了。二〇一三年的那場意外，嚴重的腦損傷彷彿帶走了燕子最熟悉的牽手，原本是一家之主的小朱，在腦傷之後除了生活的不方便，也忘記了過往許多美麗的回憶。

後來在一場晚會分享中，我再次聽到燕子的故事，她創立了外傷性腦損傷照顧者關懷協會，因為親身走過的煎熬，以及面對現實的殘酷，於是希望藉由協會像大家庭讓彼此相互依靠，共同面對這些生命的難關。

一句話出口，可以是利刃也可以是強心劑

回饋的美好，就是人生最單純的喜悅。學會轉念，學會換位思考，都是能讓自己成長的方式。在兩年前，我在臉書上接到一則訊息，是一位來自於高雄的熱血教師黃老師，他說班上同學將近年的班費存進一個班費撲滿，不知道是不是足夠邀請我過去演講？我很快就答應了他們，也請他們將班費保留給未來運用，只要能帶我去嘗嘗當地小吃，就已經非常歡喜，我感受到這則訊息背後所代表的滿滿誠意。

其實我並非第一次收到他們的訊息，第一次收到黃老師傳來的訊息時，正在拍片的現場，當時有些狀況讓我情緒非常不好。我點開那則陌生訊息，老師帶著全班學生，為了感謝3D電影車去學校巡演製作了一則短片。影片中全班排列成一個愛心，高舉著手舉牌，寫著祝福的話。看到影片後，暖暖的感動讓我從情緒的低谷瞬間升溫。責罵與抱怨總是最容易脫口而出的，但留下的傷痕卻要花數十倍時間平撫。鼓勵與感謝同樣也只是一句話，卻能瞬間平復所有委屈與傷痛。語言的力量之大，值得我們思考。而換個角度想，既然批評的聲音來

自於陌生的網路，又這麼容易脫口而出，我們又何必浪費心思與時間難過呢？

某日，協會收到一位吳董事長的捐款，這兩筆捐款來自於他父親離世後收到的奠儀。吳董告訴我，他們家沒有收奠儀，但在一起合作的日本廠商堅持以奠儀表達慰問與關心。於是在送別生命的渡口，他最後選擇讓這份祝福化為對美力台灣的認同，希望當3D電影車全國跋山涉水的時候，父親的祝福也參與其中。這是一個很美的故事，也讓我不斷提醒自己在人際往來的時候，如何將更大的善念讓更多人感受到。也正因為這些鼓勵，彷彿強心劑不斷振奮著我，突破低潮與障礙。

網路的快捷固然是優點，卻也讓許多人現代生活深受影響。尤其我們這個世代經歷了從無到有，如何用正面的態度面對並轉而運用科技的優勢格外重要。網路與手機是很好的管理工具，不論在片場或巡演現場，可以透過拍照與訊息的回報，讓不在場的夥伴也能快速掌握狀況。但每個人一天都只有二十四小時，如何在科技網路與生活間取得平衡，如何面對網路多不勝數，各種正面負面訊息，我也不斷在練習，這或許是現代人共同的課題吧！

孩子們的回饋，一句感謝，都是帶著我繼續往前走的強心劑。

4 享受孤獨，看清自己

每一天的開始都像轉動的發條，從黑夜逐漸調亮。天亮以前，我通常已經醒來，並開始做了不少事情。每天能夠醒來是幸福的，每一天都是新的開始。

回到台灣以後，我經常開著車到台灣各個地方。常常一邊開車一邊想事情，有時聽聽經典老歌，微開窗戶，讓陽光與風緩緩進來，讓靈魂慢下來，然後隨心哼起幾句。有時聽聽流行歌曲，感受不同時代的節奏。但大多時候，我會選擇在車上聽經典有聲書，聽著傅佩榮教授談孔孟老莊，說得口沫橫飛、妙趣橫生，奇妙的是，內容往往可以與自己近期遭遇的事情連結。彷彿這些思想家穿越時光隧道，帶著我重新思考過去的抉擇，成為現在人生的路引。

對我而言，車上的時間格外珍貴，讓我——享受孤獨，看清自己。

開車是辛苦的，如果心裡懷抱著不情願、趕時間等想法，再近的距離也會成為萬里長途。但若是轉念把開車當作是享受，就能夠讓自己慢下來，看看周遭不同的風景。我常常在黑夜還沒轉亮的時候就已經一個人跳上車子，從金山開往台灣的各個角落。

從清晨五點開始，首先是天際線逐漸轉亮，這不只一種色彩，是由暗轉亮的分層遞進，紅光慢慢劃破了遠方望去的雲，像是宣告生命力的開展，我拉下側邊的車窗，風聲穿入，還有鳥聲、汽車穿過道路的聲音，一群攝影愛好者等待拍攝海上的日出，此時有聲書裡傳教授正巧分享了逍遙之樂，大鵬鳥彷彿化身為一片蔚藍的雲彩，讓我感嘆大自然毫不吝嗇的展現著最旺盛的生命力。隨著天色漸亮，手機訊息也開始叮叮咚咚響起，忙碌的一天，就此展開。

有一次，我在天還沒亮的時候就一路從台北開到台中，找一位從深圳返回台中的軍樂隊班長朋友，我先吃了炒麵與豬血湯等在地美食，然後傳訊息告訴他，已經到了他家門口。那是前一晚興之所至的約定，兩人的默契不需要太多規畫，暢談後並邀約他一起來看看我在台中文資局園區的百工展覽。

忙，但不可以是心亡，不能夠迷失方向。真正忙碌的人，時間最多，透過時間管理的練習，反而可以做到打拚事業以外，也擁有私人生活，調劑壓力。

在車上的獨處時間，讓我享受孤獨，看清自己。

所謂人生，學著做人，學著過生活。生與活，透過車上有聲書的敘述，用儒家的孔孟，道家的老莊，每天進行反省，也不斷提醒每天的自己。

我永遠記得與文豪在開車通往高雄的路上，聽到了「強行者有志」一席話，堅定了自己的意志，也呼應了那段旅程結束後的短短一個月內，快速聚集了許多志同道合的朋友們一同成就理想。

退休後的生活是生命智慧的累積

退休便是時間管理、生活管理，那是無數次生活經驗與智慧的累積，而這些累積需要經過生活不斷練習。舉例來說，在每次影片開拍之前，我會謹慎做好準備，不論是可能遇到的問題，包含器材、檔案存取以及相關溝通。這些經驗形成了未來在判斷上的能力，也就是人家常說「早知道就好野啦」的意思，去推敲事件可能的發展，預想當中的重點，沒有所謂千金難買早知道，哪怕是失敗，也是一次可貴的經驗。有些事可以再試一次，但人生可就沒有重來的機會，選擇了就不要後悔，更不要總是說：「想當初……我就……」

面臨退休的準備，有許多人會恐慌，我也不例外，那來自於缺乏固定行為模式與經濟來源，但生活就是不斷調節自己的節奏。生命有無限的可能，但任何的可能性都需要我們去創造機會，而非把握機會。要活在當下，用專業與自信面對自己，在自己的人生舞台上擔綱主角。

5 生命是一種累積，沒有輕而易舉的奇蹟

有不少人曾問過我，為什麼要記錄百工？簡單來說，是為了留下文化的影像，為了記錄這些百工職人的故事，他們將一件事不簡單的做了一輩子。他們的汗水是璀璨的珍珠，尤其在科技數位時代，這些手工藝難逃被機械取代及後繼無人的命運，若不能及時找到新的生存方式，通常只能默默消失。我在偶然中見識到他們卓絕的技藝，看到他們面對生存的困境，便決定用3D影像保留下這些身影。每當遇到低潮，就再去記錄台灣的山海地景，補充完能量再次出發。因為這些拍攝計畫都是在沒有任何補助的情況下完成的，為了拍攝3D、為了讓3D車巡迴播給偏鄉的孩子看，我一共賣了七棟房子。我並不是要打悲情牌，而是非常開心可以用上半輩子努力的積蓄去換得更多孩子的夢想，換得為土地作傳的機會。

台灣土地上的人事物天天都在改變，百工文化可能稍縱即逝，必須有人先捲起袖子來做，如果我不開始，就只能等待與旁觀。我認為生活即文化，因此我記錄「生活百工」，像雞毛撢子、傳統手工棉被製作，是現代孩子沒有機會看過前人所留下的手工智慧。這非常可惜，因為他們代表著過往生活的模樣，為什麼當時人們要使用？那些百工的手藝品又是如何被使用？如何被製作的？這些都是相當可貴的故事，我想透過影像說給孩子聽。

至於這些被拍攝的百工素人從哪裡來？當我們興致高昂準備拍攝，洽詢很多在媒體上火紅的百工職人時，總是被問到，未來會在哪裡播出？我了解師傅們無非是希望付出的心力能化為更廣大的影響力。然而，我也只能老實告訴他們，這些拍攝還沒有獲得任何支持，單純只是我起心動念，想要用當時最高規格的3D影像記錄下來。結果有許多職人直接回覆：「既然如此，就不要浪費彼此的時間。」

現在回頭看，我其實非常感謝這些發生的事情。這些過程都是我的練習，也提醒著我要更重視換位思考的同理心。幸好在不斷努力下，我們最後還是找到一批批默默耕耘的百工素人，完成了整個計畫。

生活即文化，文化即生活，我想透過影像記錄下這塊土地逐漸消失的生活百工。

即將失傳的技藝，手的溫度

記憶，是一種無法抹滅的情感。用「手」去完成一件事的過程和精神，是各民族之間都能共同理解的，因為這種情感可以直接傳達，不需再用文字補述。這些技師們的每一個舉動，都在告訴我們什麼叫作手到、眼到與心到的道理。

郭常喜師傅帶著一點台灣國語的腔調，問我說：「導演，你用3D拍了這麼多東西？你覺得什麼是工夫？偶覺得工夫齁，就是你看得懂偶在做什麼，但只有偶做得出來。」這段話再度說明了傳統技藝的價值與珍貴。即便隨著時代演進，科技改變人們的生活習慣，但這些美麗的技藝還是值得我們常放在心上。

這些百工職人的故事總能讓我如數家珍。想起他們投入在工作的熱情，我也經常自嘲：因為台灣的3D市場環境，我也即將成為消失的百工之一。不過真正令我難過的是，在記錄完這些百工後，隨著時間，影片中有些師傅接連離世，這些百工「技藝」真的失傳而成為「記憶」了。像是製作烏克麗麗的陳國明師傅、九十多歲的哨角藝師魏幼謙等人離世，都讓人難過許久。

既然無法預知明天，我只能把握今天放手去做。記憶是無法抹滅的情感，勉勵自己全心投入、「全立」以赴，用我的影像專業記錄這些感動，用數位科技對抗歲月無情與時間凋零，以科技與創新技術復興傳統文化，用創新的技術，回憶那些匠人，呈現台灣的多元文化。

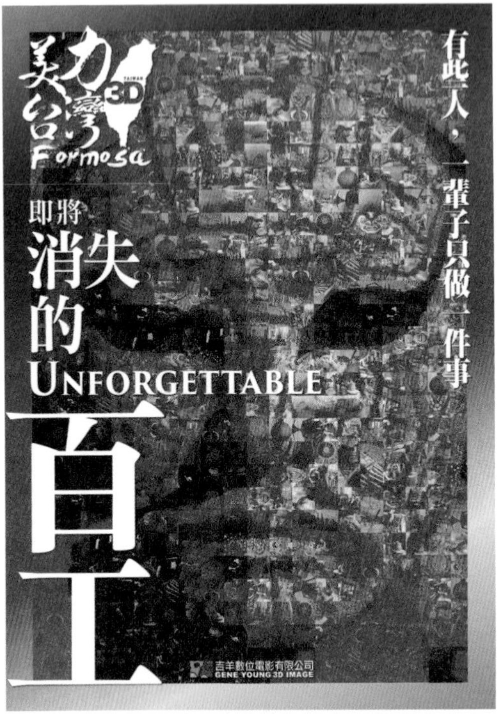

用影像記錄匠人技藝，用數位科技對抗時間凋零，保留台灣多元的傳統文化。

6 一支廣告，讓世界看到台灣

二〇一九年，我為普拿疼拍了一支廣告。這次，我不是導演，而是被拍攝的主角。這支廣告由國際團隊拍攝，全國有超過九成五的人看過這隻廣告，導致我出門在外，常碰到有人問我：「你怎麼頭痛了一年都還沒好呢？」甚至有鄰居是中醫師，開玩笑跟我說：「頭疼的話不要吃太多藥，有空到我這邊，我幫你針灸。」這支廣告在國際播放，裡面的我除了本國語言之外，還有說粵語、英語等版本。

這支廣告的源起，來自新加坡藥廠負責人到日本時，看到我在新竹桃山部落教孩子拍照的報導，這個插曲變成製作廣告的契機，於是找我擔任年度公益形象代言人。當下，我的心裡其實是矛盾的。我更希望美力台灣能被更多人看見，於是很快回覆對方：「全力配合！但希望美力台灣與3D電影車能一起出現。」他們也很快告訴我：「沒問題！」

讓世界看到台灣，成了答應邀約之後最深的期待。普拿疼每年都會邀請一位公益人物擔任亞洲地區代言人，二〇一八年是創辦「孩子的書屋」的陳俊朗，人稱陳爸。這也是個良善的循環，我們不斷在這塊土地上累積著正面能量，一棒一棒接下去，讓善的種子遍地開花。

拍攝團隊的組成非常國際化，導演來自於好萊塢，廣告劇照師來自挪威，當時還剛從倫敦結束工作過來，還有來自美國的攝影師，廣告代理商則與促成這次合作的藥商同為新加坡人。他們來自世界各地，彼此說著不同的語言，風土民情也都有所差異。但為了拍攝這支影片，讓我們在一週內聚集在台灣，也讓他們一起看見台灣的美好。

拍攝前一天，我與文豪來到高雄，我們與導演、攝影師與製作人開了簡單的會議。聽著他們介紹自己的資歷，都是相當豐富並具備國際頂尖水準。他們很熱情的拍著我的肩膀，叫著我的英文名字Charlie，告訴我，他們搜尋了我在Youtube上的《這世界需要傻瓜》影片，雖然聽不懂，但透過孩子的表情與動作，直覺感受到這股不可思議的力量，為我加油打氣！透過網路查詢，也了解過去我曾經獲得數座國際型獎項，讓他們與我的交流更有專業遇上專業的親切感，一起討論激盪，讓整個拍攝過程更加順利。

用熱情感染身邊的每一個人

來到高雄以後，我感受到當地熱情的陽光。也感謝江伯伯的女兒美英，雖然當時是暑假期間，為了這次拍攝機會，她找來了一群可愛的學生，讓我們能邀請他們觀看3D電影，也參與其中一個階段的拍攝。

參與過拍攝的朋友都能夠了解，拍攝過程是非常繁瑣的，許多畫面經常需要一再重複，以求最完美的效果。原本孩子們都累壞了，為了活絡氣氛，我拿起自己拍攝的相片以及AR魔法卡片，立刻引起了孩子的注意。他們從原先洩了氣的氣球般，突然充了滿滿的電力，好奇的指著我相片裡的海洋發問。「這是什麼地方？」他們圍繞著我，眼睛圓滾滾的，嘴巴也張得大大的。「這裡是我的家鄉，叫做基隆，我出生在小漁村……」我開始跟他們說起了故事。

文豪與我分享，他發現我經常能夠感染身邊的人，好奇的問我是不是過去擔任導演時的經歷造就的。確實，我遇過形形色色的人，見過大風大浪，豐富的閱歷讓我除了攝影專業之外，在植物的認識、房屋的建材等，各領域的話題都能夠信手捻來。但這絕不是一時半刻就能急就章的，我無時無刻都在學習，經常有同年齡的人告訴我，他們已經慢慢跟不上時代的腳步，但對我來說，最重要的還是要回到是否願意接受改變，隨時代改變自己的想法，願意以開放的態度去吸收各項新知。

孩子聽得入迷，攝影團隊也很快開完了臨時會議，重新開工。我看著他們在工作崗位

孩子熱情的回饋，讓巡迴演出的辛苦都值得了。

上各司其職，分工相當細緻，每個人都有自己的角色，今天我從導演轉換成演員，就必須盡可能配合團隊想要的畫面需求。看著他們不斷露出滿意的笑容，我也力求自己能夠帶來更好的表現，為了讓他們能有更多的畫面選擇，要求自己「再一次！」他們也拍得越來越來勁，哪怕我們都大汗淋漓，過程卻是非常愉悅的。

從專業團隊取經

這支普拿疼的廣告影片建立在人與人的情感連結，共通的語言是攝影機。即便我們使用的語言不同，但大家都用攝影機用心閱讀對方。我仔細觀察現場拍攝的情形，攝影師從頭到尾沒有使用腳架，而是使用穿戴在身上的穩定器。除此之外，這個階段的製作都是我們國內的攝影團隊可以做得到的，主要差別或許就是對於品質的堅持，以及壓縮了製作的費用與時間，接著，在整個行業為了生存，而不斷壓縮價格來競爭，到後來留下的成品品質有時就會比較可惜。但至少對我來說，台灣是能夠做出具備國際級的影片的，也必須對此保有信心。

當這支廣告影片拍完進入後製期間，這時的我已經轉換身分，成為拍攝影片的導演。當時我人在上海，廠商也很快為我找到當地的錄音室，重新再錄製了一段聲音。這次，我看到的是他們對於影像品質的堅持，不是為了交差應付，而是讓成品盡可能呈現最好的效果，保存最好的品質。

這支影片讓更多人認識了美力台灣與3D電影車。二〇一九年，我擔任佛陀紀念館的駐館藝術家，他們邀請了上千名學童來館內參加，我也應邀出席。當時每個孩子當看到了我，都眼睛睜得大大的跑了過來，小小的手指指著我問說：「導演，你怎麼從電視裡跑出來了？」這群孩子圍成一圈又一圈，就像水面不斷擴散的漣漪，也像我當年投下的那顆善的種子，在人生中不斷擴散。

7 敬業、專業、志業、樂業

「成功一定要努力，但努力不一定能成功。」這是大家都知道的道理。現代獲得資訊的工具非常多，透過社群軟體的轉發、電視媒體，以及電子書等，比如我們拍張相片來記錄光影、記錄最乾淨的空氣，這些看似抽象的題目，科技加上創意就有無限可能。想像力是有翅膀的，好奇心能帶著我們的步伐不斷往前。在科技進步的今天，許多人在「雲端來、雲端去」，不過唯有眼見為憑是真的，再遠的路都始於足下。

我是基隆商工電子科畢業，後來卻從事電影相關工作，從電子到電影，差一個字在專業上就差很多。從退伍後進入這一行，我做了將近三十五年，從自認為非專業人士到讓專業人士認同，沒想到自己能夠如此專注於這塊領域，並且把拍片、影像當成終身的事業。

從敬業的角度來看，我很敬重自己的工作，從三十多年前到現在，依然樂此不疲。專注在自己的事業上是幸福的，每當完成一部作品更是開心得不得了，尤其是當專業受到他人的認同時，這份喜悅更加真實。

在好萊塢和李安導演同台獲獎與拍攝普拿疼的廣告，有許多人給予我掌聲，說是台灣之光，是某個領域的驕傲。但對我而言，依然得回歸到創作者的初心。敬業有兩種，一個是他人的尊敬，另一個則是尊敬自己在做的事情，當我們能夠珍惜與把握，自然就有良好的價值觀，也自然能夠樂在其中。

專業，建立在敬業的基礎上，透過不斷反覆做一件事，做到變成專家。但是說來容易，創作孤獨的過程並不是那麼容易忍受的，甚至為了要求更好的品質，每天都可能會得罪不少人，但我依然堅持要求團隊每個人突破極限做到最好。香港導演麥當傑曾經與我分享一個故事，他的師父徐克想拍一個大蛇尿尿的畫面。這個難題一出，所有人都只能用驚呆了來形容。「誰看過大蛇尿尿啊？」他心裡充滿各種問號。不過，即便大家都傷透腦筋，卻開始搜尋各種關於蛇的知識。麥當傑告訴我，其實徐克的用意只是希望大家能對蛇多點了解，在接下來拍片的過程才能更專業。無獨有偶的，我常在拍片時也會有類似的要求，這大概就是當兵時常說的：「合理的要求叫訓練，不合理的要求叫磨練。」

「卡！做得很好，再一次！」當我說出這句話以後，現場所有人都傻眼了，攝影師也私下來問我，既然演員做得很好，為什麼還要再一次呢？事後我與他們分享最後的成果，我問是否超出預期？每個人都點頭稱是。我說「很好」，那是鼓勵；說「再一次」才是真的。懂得要求，才可能得到更好的成果。

超認真，串起每一件事

美力台灣，是由事業延伸到志業的實踐，再遠的路都始於足下，如果我只是空想，不去面對那些迎面而來的挑戰，那麼距離目標的路，始終很遠、很遠。一旦我們出發了，抵達終點的過程就有機會遇到許多美好的事情，認識許多相同能量的朋友。常有朋友告訴我，感覺我們總像苦行僧在做美力台灣，不斷募款，而不是一次就能收到一筆很大的款項，這樣如何能專心去創作？但我發現這個過程反倒是上天給予的禮物，勸募的過程就像正向能量的吸鐵，不斷認識許多願意為這塊土地付出的人，一次又一次的緣分都是很美的過程。每一次的演講分享更具備一股能量，聽眾總用「影響力」及「感染力」來解釋，我確實在台上手舞足蹈，甚至好幾次連簡報筆都飛出去了，也總能獲得很好的回饋，我的分享總讓他們在歡笑聲與淚水中，找回自己。

其實這個道理很簡單，就是將「敬業、專業、志業、樂業」的態度放在一起，當自己能尊重自己的行業，不斷反覆的把一件事情變成專業，並

且時時能夠樂在其中，那就會找到「自己在這個事業的位置」。

我用「超認真」來為以上四個態度做註解。超認真，不是讓自己做到汗流浹背，而是轉念，用很簡單的方式就可以實踐。比如，當我們每天都在學習如何進步一點點、每天做一點點，長久來看就是很可觀的積蓄。行百里路半九十，當我們擁有開始的動力，就減短了與終點的距離。更重要的，是在這過程裡的進步。俗話說，不進則退，不進步就是退

三十年來，我始終保有初衷，沒有改變。

步。有開拍，往往就會有殺青；再長的小說，也是從一個又一個的字累積開始的。

過往失敗的經驗就像凋零枯萎的落葉，我們在過程中做了多少努力，或許他人沒有看到，但終將落入泥土化為肥料，讓那棵名為「未來」的大樹能夠因此茁壯。

生命中的貴人牽成

就像是一個緣分牽起另一個緣分，我的生命中有太多貴人幫助，也引領我看到人生的希望之光。我的公司取名吉羊，也可念作吉祥，字形對稱，裡外端正，跟做人的道理一樣。吉羊的諧音是Gene Young，代表敢跑、敢創新的年輕基因。另一方面，我生肖屬羊，而吉羊筆劃都是六劃，正所謂六六大順。星雲大師曾在拍片時，一時興起為我提筆寫下「吉羊」兩字，為大師所拍的《一筆字》影片後來也榮獲大英博物館永久典藏，感謝戴玉琴戴姐與趙大深為我牽起這段緣分。

在最徬徨無助的時候，那顆拳頭大的腦瘤就像生命的不定時炸彈，我找遍醫院，在每位醫生都不看好的狀況下，大師介紹了陳敏雄醫師，讓我得以延續生命，也讓我發願去延續使命，用影像與感動更多人。

「美力台灣」之所以為名，本質並非海克力士舉重萬鈞，而是發自內心的感動，因「美」而看待萬物自然相映，心靈動靜自得。而我期許「台灣超人」是一波一波的河川流水，是穿過每個人心中的暖流，行經台灣每個角落，讓這份能量遍地開花。

3D行動電影院
3D行動電影院

三部曲

用3D與創新
讓文化立體

1 改變自己，面對環境

在小慧姐（趙翠慧）的邀約下，我跟文豪再次來到她的辦公室。其實很久之前就聽過小慧姐的名字，許多朋友都建議我應該找機會認識她。我說，就隨著緣分吧。一直到美力台灣在二〇一九年舉辦的記者會，書藝家好友志揚將小慧姐邀來現場，希望促成我們認識。與小慧姐的第一次相見就一見如故，有種像是姐弟的感覺。她總是用愛與熱情關懷他人，低調的幫助人，帶來非常大的力量。小慧姐不只是我的貴人，她的才能與那顆始終熾熱的心更是我的榜樣，並且也對我做事的方式帶來不小影響。

緣分是有魔力的，能將許多相同頻率的人放在一起。透過小慧姐的引介，讓許多原來不認識的人串在一起，就像是善念的磁鐵，集合眾人之力，拋磚引玉，讓社會更多人能夠注意到這股需求。小慧姐介紹了賀眾牌的李姐與王總，他們也總是默默為社會付出，二〇一九年九月，李姐與我們一起參與了3D電影在力行國小播映的親子場次，她低調的坐在最後一排，看著前排孩子開心的手舞足蹈，也有孩子將頭靠在父母的肩上，熱切的與父母討論影片內容。「媽媽，你們那個時代的雞毛撣子是長這樣子喔！」「爸爸，這次考完試以後，我們可以跟導演去找台灣最美好的景色嗎？」許多孩子好奇問她，請問您是誰？李姐笑開了懷，「台上主持人叫小麥姐姐，那你們叫我小賀姐姐好了。」她用赤子之心與孩子互動，用行動讓3D電影車延續下去。

小慧姐也為我們介紹了羅大姐（羅李阿昭）。那是在二〇一九年六月在南京舉辦的《星雲大師全集》新書發布會，我為了拍攝星雲大師的《病後字》紀錄片，共同參與了這場盛事，也第一次見到了小慧姐口中的羅大姐。她像小慧姐那樣充滿愛與溫暖，這樣的熱能會感染身邊的人，在她們身上我深深體會到這點，也感謝羅大姐的支持，就像在池塘上激起漣漪的小石子，擺盪出更多人的參與，延伸出對於這塊土地的關懷，讓下一代更了解土地、認同台灣。

當天，小慧姐也約了周大觀文教基金會的周爸爸、周媽媽，以及一些非營利團隊。其中有個影片介紹端育，他是一位二十多歲，因為重度脊髓性肌肉萎

小慧姐為我引介許多貴人，就像善念的磁鐵，集合眾人之力，拋磚引玉。

縮症而臥病在床的男孩。在影片裡，他用眼動軟體「以眼代手」，讓雙眼代替雙手，用Photoshop修圖、作圖，甚至架設部落格，為心目中的日劇女神新垣結衣學日文，然後創設臉書粉絲團。影片裡的他絲毫沒有因為身體的缺陷而放棄自己，甚至比許多身體健全的年輕人活得更有活力更有熱情，這份堅韌的生命力讓我久久不能平復。

一方面是因為我的父親正是因肌肉萎縮症所苦而離世，另一方面則是看到端育所展現的才華，他絕不是沒有能力，而是沒有機會。

一個機緣，埋下一個夢想種子

我萌生了一個想法，決定邀請端育來為我們美力台灣十週年記者會製作標準字。看到他的故事，腦海裡立刻浮現了「改變自己，面對環境」這八個字，並希望將他的故事製作成紀錄短片，鼓舞更多人。很快的，我們敲定了到訪的時間，我與拍攝團隊到了端育位於台中的家。第一眼見到本人，發現他瘦得如同皮包骨，因為疾病的關係，他不僅身體沒有力氣，嘴巴張開的幅度也有限，原應活潑好動的射手座男孩就這樣被禁錮在這個軀殼裡。端育的父母說，年幼時期的他看起來跟一般孩子沒有太大不同，硬要說的話，只是力氣比其他同齡的孩子稍弱些。於是開始為他訂製特別的輔具與輪椅，希望日後隨著成長而有改善。沒想到上了國中後，端育的身體狀況每況愈下，只能在家自學。但他堅持不放棄學習的精神也感動了老師，各科老師每週都會到家上課一次，端育就這樣辛苦的一路念到高中畢業。

除此之外，端育也無數次出入鬼門關前，有時只是一個小感冒，就得住進加護病房，每天戴著呼吸器睡覺，生命的能量彷彿不斷在時間的隙縫裡流逝。但有了電腦的他，內心的熱情與才華終於有了對外的出口。他可以躺在床上用手指與腳趾點按滑鼠的確認鍵，用眼睛代替滑鼠游標移動。

當我了解了他的故事之後，即便是對他說聲加油，都必須更小心翼翼。但他靦腆的微笑，再次讓我感受到他對生命的堅持。更讓我訝異的，是來自於他的鼓勵。端育努力的轉動脖子，注視著我的眼睛說：「去年在電視廣告裡就看到你，你本人內心好像有個赤子之心。」接著，他用力發出更大的聲音想讓我聽清楚：「希望你可以繼續往目標前進，希望3D電影車可以繼續讓全國更多孩子，都可以看到台灣的美好。」這份鼓勵是一份珍貴的禮物，也滋潤了我的雙眼。我問他，有沒有想過放棄這件事？「因為在生病的過程中，被迫放棄的事情已經太多了，只要有把握做好的事情，我都想把他們做好。」他再次帶著淺淺靦腆的微笑告訴了我，他最大的願望是：「能自己喝水、自己走路。」看起來微不足道的日常小事，對端育來說卻是一個遙不可及的願望。

幸好因為電腦與網路的便利，讓端育可以持續與外面的世界溝通。端育一天使用十至十二小時的電腦，他努力完成許多讓人感到驚訝的事情，包含他為日劇女王新垣結衣經營的粉絲團，那些一般人可能只需要十多分鐘更新的文章，他卻必須多花數十倍的時間去操作、選字，但他因為興趣不怕辛苦，甚至為喜歡的圖片去背、修圖、美化與製作，也因此練就了很棒的製圖功力。

透過為美力台灣十週年記者會設計的標準字，端育用作品見證他的生命故事，鼓勵更多身處劣境的朋友。設計過程中，從草稿、退稿、選稿到完稿，他展現出專業又敬業的態度，我們也提供了設計費用，就是為了鼓勵他，用專業去做熱愛的事。而他在過程中的堅持、不放棄，更讓我們在接下來的旅程獲得滿滿的迴響，也悄悄為我在下一個階段的目標埋下一顆夢想種子。

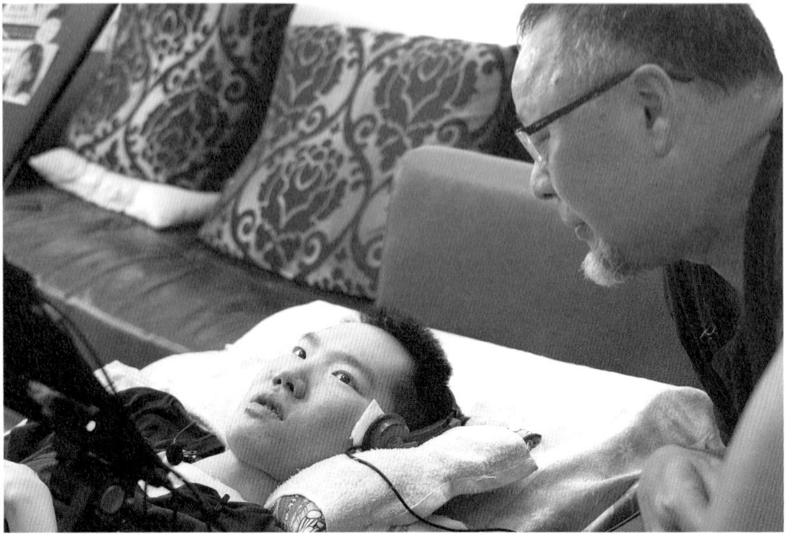

端育的故事感動了我，也開啟了我下一個階段的夢想。

2 強行者有志

去年九月某天，清晨四點我就從金山開車南下高雄，赴一個等待三年的約定。

幾個禮拜前，我與文豪正討論著3D電影車的改造，加大了銀幕，我們如何發揮它最大的價值，讓更多孩子看到屬於台灣的傳統技藝與文化價值。在台北都會區學校的一場試演，我們看到孩子驚嘆的對著彷彿穿出銀幕的3D影像又叫又跳，他們指著上面的師傅，重複著影片裡介紹的百工技藝，雞毛撢子、蓑衣、捏麵人、皮影戲等，然後七嘴八舌的討論起來：「原來雞毛撢子不是塑膠做的耶！」「我看到師傅在製鼓，原來這麼複雜！」看著他們一邊讚嘆，一邊對我好奇的發出問號，希望我多說說關於這塊土地的故事。我也好奇了，反問他們，不然你們寒暑假都去哪裡呢？

一個活潑的男孩跳了出來，告訴我父母都帶他出國，旁邊的孩子紛紛流露出羨慕的眼神。「不過我覺得這些國家都是爸媽想去，不是我。」孩子天真的說，引來一陣哄堂大笑。看到影片他們才發現原來台灣有這麼多美麗的地方不曾去過。我接著追問，那疫情不能出國，你們又去哪裡旅遊呢？他聳聳肩告訴我，後來都帶他去度假村了。我開始思考，要了解一個地方的文化就必須親身體驗，但我們經常不斷體驗外國的生活，以及那些知名偶像劇拍攝的地點，卻默默遺忘了這塊我們真正該親近的土地。

從偏鄉返回城市，帶孩子親近這塊土地

因為這些經歷，從偏鄉返回城市成為我在電影車改造後的願望，我希望透過自己的專業，告訴更多孩子台灣的美。你會如何用一句話來形容台灣？你會用什麼例子來介紹自己從小生長的土地？從孩子看完影片層出不窮的問號，我延伸出了這樣的提問。當孩子好奇提問時，正是開始學習的時候。

回程開車的路上，我稍微搖下窗，感受微風的吹拂，看著身旁路樹隨著換季改變裝扮，感受到季節的遞嬗。在前往台南吃完熱騰騰的牛肉湯之後，加足

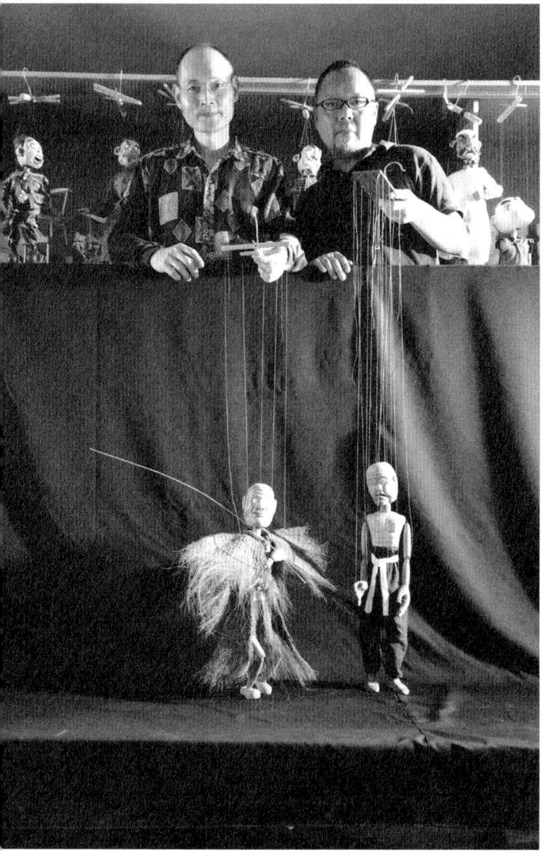

蓑衣、皮影戲，這些傳統技藝讓孩子們大開眼界。

馬力，在上午九點到達志揚與芳綺的幼兒園，在那裡我們約了黃柏霖議員。

如果說「提燈照亮人間路」是他的服務理念，「桃李不言，下自成蹊」就是他誠摯待人的寫照。黃議員說，三年前一篇《天下》雜誌的報導讓他看見了我，這次終於有緣可以交流，他訴說著對教育的理念與做法，我則回饋3D電影車的初始與改變。在那段短短的時間裡，我們沒有太多的寒暄，直接進入正題，暢談想做的事情。由於相似的頻率以及為下一代著想的目標，讓我們很快就找到共鳴，開啟了3D電影車從偏鄉返回城市的序曲，目標是受眾最大化，為高雄的下一代打開視野，帶來夢想。

強行者有志，這一路上我遇到了許多愛心天使。這趟高雄之旅，我認識了一群來自中小企業的老闆與主管，他們組成了一個叫做「放牛班」的團體，常開玩笑說不愛念書只愛熱鬧，但聚會總是以熱心公益為目標，以犧牲奉獻、關懷他人為主軸，就像是牛的每一部位都能提供用處，也用勞力幫助別人。後來也收到吳怡玎立法委員辦公室的聯絡，促成了第一次與吳委員見面。她親切沒有架子，是一位對下一代充滿關懷的年輕媽媽，還邀請了她的家人，以及一群關心高雄的朋友。這些因緣讓返回城市的夢想不再是夢，逐漸露出曙光。

有黃柏霖議員、吳怡玎立委、放牛班的協助，我們開啟了 3D 電影車從偏鄉返回城市的序曲。

3D
台灣

3

從偏鄉返回城市

美力台灣二〇〇九年開始的第一站，是新北的九份國小。我們沿著山路拐著彎，到了這個熟悉又陌生的地方。熟悉的是，我是基隆人，北海岸路線是相對熟悉的；陌生的是，當時很少走進這個被觀光景點包圍的學校。

因為這個緣故，認識了當時在九份國小服務的黃旭輝校長，後來他到新莊國小或其他學校任職都還保持聯絡。當時我的三個女兒都還在念書，除了家長與導演的身分以外，對教育還很陌生。歷經了偏鄉巡演的活動後，除了接觸到孩子，也認識許多教育現場付出心力的老師們。

3D電影車打造完成以後，二〇一四年啟程的第一站，我們再次來到九份國小，頂著當年度的最低溫，巡演團隊每個人一邊發著抖、一邊擋著雨，把所有3D播映設備給架設完成。

許多媒體朋友把有了3D電影車之後稱為「美力台灣2.0」。這是由3.5噸小貨車打造的，從一張沒有人看好的設計藍圖，一間接著一間跑遍車廠後，終於找到一間位於汐止環河街的車廠願意承接。

很多事情往往是因為做出了成果，就讓人覺得很容易。但過程中遭遇的挑戰與挫折卻難以想像，並且完全沒有前例可循。

有次，李濤大哥要來採訪我太太雪芳。本想拉板凳旁聽，不過濤哥希望聽到最真實的回答，請我在辦公室外稍等，所以後來透過濤哥轉述我才知道這段對話。他說他很好奇的問了雪芳：「曲導做的這些事情要花很多錢，妳有沒有算過花了多少？」她非常有智慧的回答：「濤哥，如果我去算，他還做得下去嗎？」我聽了這席話眼眶紅了，家人全力的支持與包容，才讓我能義無反顧的往前衝。

其實為了美力台灣，我賣了六七間房子，但有次真的走不下去了，跟雪芳商量，要把我視為「起家厝」的辦公室給賣了。這間辦公室對我意義不同，是我半輩子的心血、半輩子的夢想，是滿滿的回憶。是徐克導演曾多次主動登門求教3D，是五月天團員們口中充滿魔幻與想像的工作室。但用我如星星之火的

李濤大哥也一直支持著美力台灣。

徐克導演主動登門，留下滿滿回憶的「起家厝」。

夢，去點燃未來上萬學童的希望，值得。

這段過程中，常有人勸我不要腦袋壞掉，發這種大願，我也不想多做解釋，乾脆轉過頭，請他們看看我頭後方的疤：「是啊，我就是頭殼壞去！」我笑笑的回答他們。做對的事情，我無所求，因此「無所畏」。如果每個人都在等人做好事，那好事永遠不曾發生，不如我們挽起袖子，從自己先做起。

硬體提升，走回城市

二〇二〇年，3D電影車從原來的六十五吋，改造成一百一十五吋，亞洲首部LED 3D顯示屏行動電影車。不僅整體效果獲得提升，最直接的影響，就是過去觀眾僅能六十位，而今提升到一百七十位。這部改造後3D電影車，就是美力台灣3.0！

有了升級的硬體設備，我希望能將它發揮得淋漓盡致，於是開始思考，如何能夠進入那些超過三百人以上的大校，回饋給更多的孩子。

於是我們在都會區舉辦了幾場實驗場。其實之前也曾經在市區舉辦過，或許城市孩子已經對3D電影不陌生，所以一開始近乎瘋狂的迎接電影車，當翅膀張開，孩子們紛紛驚呼：「哇！是變形金剛車！」但接著播出的影片卻不是他們心目中的超級英雄電影，因此引來幾聲抱怨：「怎麼不是機器人電影？」這句話在我心裡留下了一些陰影。

幸好這次透過老師預先準備，事前結合環境教育、科技教育、美感教育的方式來導讀，甚至也介紹了美力台灣與我的生命故事。電影播放完畢後，孩子團團圍住了我，你一言我一句：「原來手工的雞毛撢子不是爸媽在家裡放的那些紅的、藍的，用塑膠一條一條作的樣子。」「導演，我是第一次看到蓑衣耶。」「導演，我看了那個做麥芽膏的，口水都快流下來了……」

那一刻我突然醒悟到，對城市的孩子來說，也許擁有很好的資源，但依然需要我們陪伴他們學習，帶他們重新認識腳下這塊土地的文化，當我有了「3D車從偏鄉返回城市」這個念頭之後，也正是因緣俱足，我在金山的「逸樹家」庭園認識了鄭大哥與張姐。

社會參與，環境永續，ESG的公益精神

二〇二〇年八月十八日，鄭大哥與張鳳齡張姐首次來到金山上的逸樹家。

鄭大哥過去在新竹科學園區創立了科技公司，張姐出生在教育之家，母親在新竹中正國小當了四十多年的老師，她的父親張金輝校長更是服務過新竹中正國小、竹仁國小等校的資深校長。鄭大哥與張姐是國小同學，他們的兒女與許多同學的下一代，以及張校長的學生們，也都在各地教育現場默默奉獻，彼此互相支持。

鄭大哥與張姐到了逸樹家看到庭院裡許多搶救下來的流浪樹非常驚喜。原來張校長非常愛樹，任職於新竹中正國小時，他種下了許多樹，包含現在位於司令台邊的兩株校樹。中正國小原本是竹北國小的分校，也是張校長任教的第一所學校。當時校地旁是一塊塊的田地，與現在已成竹北最繁榮的地段，實在是天差地別。然而，當時在教室上課不時會聽到打靶與榴彈的聲音，張校長就天天寫公文陳情；碰到有能力念書卻有經濟問題的孩子，張校長也會想辦法拉他一把。足見張校長對教育的熱情與投入，也感染了張姐對於下一代「百年樹人」的教育理念。

鄭大哥與張姐非常熱情的自願擔任美力台灣的志工，那次餐會之後，張姐非常認真的把上一本書《這世界需要傻瓜》澈底讀了一次，並帶著書拜訪了一

百年樹人，期待美力台灣也能長長久久走下去。

位又一位的校長，支持3D電影車到新竹許多學校播映。鄭大哥也邀約竹科園區同業公會的朋友與楊文科縣長，希望串連彼此的力量。

張姐告訴我，雖然都市的資源較偏鄉充沛，但有時父母反而忽略了帶孩子去觀察身旁最美的事物。這番話也引起了我這幾年觀察下來的共鳴，城鄉並重。新竹是科技重鎮，如果可以善用3D影像科技，說不定能激發小朋友的好奇心與他們的創造力，日後栽培出幾位「護國神山」。

當時正值疫情期間，協會運作相當困難，張姐二話不說捐出一筆款項，希望支持我們讓一萬個小朋友欣賞。張姐說，她讀完我的書後，夢見往生已久的父親站在手植大樹之下微笑，彷彿要她去做些什麼事情。而這個捐款的數字，正是張校長從事教育工作四十幾年來任教過學校目前所擁有的學生總數。

張金輝校長種下樹的種子，代表的是培育生命，培育希望，下一代則接棒灌溉，讓大樹茁壯。感謝鄭大哥、張姐的支持，感謝新華旅行社的李總，在二〇二〇邁向二〇二一的跨年夜，邀請3D電影車到他們的跨年旅遊團，讓更多人認識我們，散播愛與感動的能量。感謝善的串聯，3D電影車從偏鄉返回城市，也讓更多校友有機會為母校的學弟妹帶回滿滿的溫暖與愛。

4 亞洲首部3D LED顯示屏

3D電影車從六十五吋的3D電視，量身打造成為一百一十五吋亞洲首部LED 3D顯示屏行動電影車，要特別感謝台塑企業，以及王詹樣公益信託與王文潮委員的支持。

二〇一九年，王文潮委員看見我們一直在做的偏鄉教育與影像推廣，主動邀約，交流了彼此對於教育扎根的理念，也提出許多對於影像的想像，希望能落實數位平權，並且與時代脈動快速接軌。不久，王文潮委員便請王詹樣公益信託帶我去看台塑石化投資的子公司研發

有台塑企業的支持，才有美力台灣 3.0，
也才能從偏鄉走回城市。

的3D LED顯示屏，我非常訝異在台灣原來已經有如此先進的技術，他們邀請我，可以將這樣的3D顯示屏裝置在電影車上。

當時我的內心是很掙扎的，要改造行之有年的3D電影車是大事，紙上談兵很容易，但我必須先預想到後面各種可能發生的情況。不久又接到他們提供的組接藍圖與主動式3D眼鏡。這些資源激勵了我，就做吧！

於是我開始設想，這麼好的裝備架設在行動車上，該如何維持？行動卡車

不斷討論、不斷嘗試，感謝車廠王老闆與師傅們，一起打造出亞洲首部 LED 3D 顯示屏行動電影車。

每天不斷移動，途經顛簸的路面，有時豔陽高照，有時碰到狂風暴雨，再加上每天不眠不休的播放，設備要如何維護與維修才能長久如新呢？行動派的我，立刻帶著設計圖與當初打造這部3D車的王老闆懇談。他驚訝的看著我的設計藍圖，不僅要使用遊覽車等級的頂級避震系統，還要平衡車體的兩邊重量，以及電路設計問題等。對他與車廠裡的師傅而言，又是一項職業生涯裡少見的考

驗。

這些師傅幾乎每天與車為伍，但我的想法總是打破他們過去的經驗，他們說我很專業，但我其實比任何人都還要更戰戰兢兢。

所幸，一切都圓滿完成了。改裝後發表記者會當天，是那年氣溫最高的一天，從開跑第一天的最低溫到改裝後飆到的最高溫，這一路氣溫的低谷與攀升，正像我們一路走來感受的人情冷暖，但都是美好的過程，引領我們走向夢想的必經之路。

5 用專業從回饋做起

今年，3D行動車再次在張姐的贊助邀請下，到台北的美國學校播映。剛開始我們也擔心語言問題是否會造成孩子觀賞的隔閡，畢竟這些小學生來自世界各地。張姐非常熱心，寫了一封信給美國學校的校長，說她孫女就讀這間學校，希望這些具國際水準的3D電影不只是偏鄉能看到，美國學校的學生與老師也都能夠藉此了解台灣之美。

她愛孫女的心感動了學校主任，透過翻譯溝通，終於促成了播映。第一場播映之前，擔任主持的小麥姐姐不斷複誦著翻譯成英文的主持稿。但3D影片才播出幾秒，孩子的反應讓我們的擔憂像那群成千上萬翩翩飛舞的紫斑蝶一樣，從谷中飛散。接著，爆米花迸出來那一刻，以及裡頭各項傳統技藝，都讓這些孩子不斷歡呼。老師也很訝異的與我們分享，這些孩子來自世界各國，照理走

到美國學校播映的經驗，讓我對自己的作品更有信心。

過看過很多地方，但這部3D電影卻讓每個孩子著迷。而且匠師們說著他們陌生的國語、台語、客家語，但孩子們卻依然聚精會神的欣賞匠師們專心製作百工藝品的模樣。

觀影之後，他們收到一封電子郵件，是來自學校的感謝與祝福。他們告訴我：「It rekindled a sense of love for Taiwan that we sometimes lose in our daily lives.」（有時候我們會因為日常生活的忙碌而忘卻對台灣的熱愛，而這個影片重新燃起了這份愛。）

雖然我不是學教育的，但教育就是一種使命，我們也向孩子學習，心靈簡單，世界就簡單；心靈自由，開心更自由。夢想的鑰匙握在孩子手裡，成長經歷可能磨損這把鑰匙的光輝，卻也豐富了人生故事，這把鑰匙一直都在，在我們的赤子之心裡頭。

運用影響力，把專業回饋社會

二〇一一年，我在高雄製作了一部警匪動作劇《真的漢子》。在技術上，這是當時台灣偶像劇的最高拍攝規格，雖然是電視動作劇，我卻用3D實拍的電影高畫質製作。為了配合劇情需要，在台灣首創許多飛車追逐的特效場面。也為了拍攝場景所需，在高雄空中大學搭建了一個仿真的法院，殺青以後並將這個地方捐贈給學校，做為學生的實習法院，讓它的價值可以一直延續下去。這也是我一再強調「被看見」的概念，能讓人使用、了解，引起好奇，才能真正與生活結合在一起。

又或者透過文化部文資局所舉辦的「文化資產技藝・記憶特展」，讓傳統文化資產透

工作之餘我也積極參與各項講座或課程分享，把專業貢獻給社會。

過數位科技與影像紀錄的方式保存、傳承，例如3D實拍影片、ＡＲ擴增實境、二百七十度影片製作方式等，透過科技重現匠師們的聲音與身影，製作打鐵、玻璃、獅頭、布袋戲偶、刺繡與餅模等，多媒體的方式拉近了觀賞者的距離，開創新的方向。

除此之外，從二〇一九年開始，在北藝大的邀請下，我在教育部主辦的美感素養計畫中與全國教師分享了如何培養藝術，並讓藝術跨域到生活中。二〇二〇年，我參與了中華電信的小導演活動，以及教育部舉辦ＤＯＣ數位機會中心的相關分享。我在第一堂課請他們寫下想學習的事情，以及遇到的問題。拍攝影片的過程包含企畫、編導、攝影、剪接後製，甚至行銷等，是相當多彩多姿的。期待透過我的分享與課程，幫助更多對影像有興趣的人，讓美與藝術不再遙不可及。

6 用3D讓文化立體

管理是一門學問，大至商業管理，小至生活管理，台語諺語說：「狀元囝好生，生意囝歹生。」正是說明讀書考試大多有標準答案，但能打理好生意之前，日常生活就像是一道道的練習題。生活管理又可分為時間管理、檔案管理等，這也決定了我們將過著什麼樣的人生。

有些朋友看我常用一台手機就能掌握3D電影車校園巡演的狀況，以及目前拍攝團隊的進度。他們往往好奇的問我用什麼軟體？月租費會很高嗎？

我跟他們說，其實不過就是手機通訊軟體與電子郵件，大家都嚇了一跳。有位朋友甚至告訴我，他花了許多心力請人建構一套資料庫軟體，沒想到我竟然不需要這些就能達到相同效果。

當然如果需要防火牆與隱私，那絕對需要獨立的資料庫，但若不需要，那麼只要建立一套模式讓每個崗位上的人都能上手，就能隨時掌握即時資訊。重點在於如何善用工具，發揮各司其職的效能，這就像孟子所說「一日之所需，百工斯為備」的道理，結合眾人之力，才能更有效率。

另一方面，我也透由「影、音、圖、文」的概念，結合多媒體資料的匯流整合與保存。所謂「影」，包含電影、電視劇等影像；「音」為音樂、聲音等；「圖」為相片、圖畫；「文」則包含文字、史料，甚至是歷史文件。只要在前期規畫好資料庫的建立，使用影、音素材就可以輸出影片；使用文字，則可成為實體書，若將文字結合圖片，就是圖文並茂的寫真書，或是做為策展的素材。如果再加上前述影音的功能，透過QR Code或AR、VR等手法呈現，不僅能豐富閱聽的感受，也能衍生相關IP，製作周邊文創商品。不過無論單就「影、音、圖、文」其概念個別發展，或是跨域統合，都不能缺少3D的概念。

這裡所稱的3D並不僅是3D立體空間，是Data、Digital、Develop的合稱。Data代表數位資料庫、Digital含括3D、8K、AR、VR等，Develop則為數位發展應用的延伸。科技不斷改變我們的生活習慣，隨著5G時代的來臨，勢必又將帶來新一波科技發展的趨勢。就像廣告台詞所說，科技始終來自於人性，儘管走在當代技術的浪頭，真正能夠普及於我們手中的，往往仍是能夠在生活中被實踐的精神。

7 每個距離都代表一個市場

經常聽到許多朋友說，他們愛電影，電影是他們的生命，是人生的夢。但我必須說，有些時候必須投身在裡頭，才會發現夢想與現實之間的距離。

進入這個行業三十多年，我從四分之三帶、Betacam、Digita、16釐米、35釐米、2K、4K，一直到數位3D實拍，這些分別代表著每個時代。經常有人問我，這麼多拍攝的方式，我如何選擇？

其實這個道理很簡單，如果我們可以提前站在時代的浪頭上，未來即便影像升級，因為已有陣痛期的經驗，便能縮短適應時間，這些製作的影像壽命也能更為長久。舉例來說，當我們使用4K到8K的方式來拍攝，即便現今未必普及，我們仍能以符合規格的方式輸出；但如果現在僅用時下最普及的格式去做拍攝，未來一旦影像升級，輸出畫素首先就面臨考驗。所以走在浪頭，才有餘裕順應著環境改變。

現在許多人手機在手，低頭一滑就是他的「世界／視界」，但每一種拍攝的距離都代表不同市場。必須先了解鏡頭述說的「對象是誰」、「用什麼（工具）去說」、「說什麼」、「在什麼平台上說」，當我們把前置想法弄清楚，路就寬廣了。

影像的檔案管理又是另一種學問。我曾經在一些工作坊分享，同學們回饋不少可愛的經驗，像是他們很努力的拍攝，結果花最多時間的，卻是在找那些檔案，因為沒有固定存放的位置與檔名，搞得人仰馬翻。不然就是拍了老半天，結果發現記憶卡沒插，或是每支影片的規格都不同，後製就得不斷轉檔。以上的問題都讓人印象深刻，但最令人痛徹心腑的經驗，是一切歸檔就緒，最後卻發現儲存的硬碟出現問題，讓心血付之一炬，這樣的結局實在讓人扼腕。

其實，檔案管理也像人生的練習題。如何做好斷捨離，如何適時做好備份都是學問。每顆硬碟空間有限，上天也公平的給予每個人每天二十四小時，如何運用與分配，將重要且緊急的事排在首位，避免讓瑣事排擠掉自己家庭與生活的時間。我經常看到許多年輕朋友習慣將事情不斷累積，最後緩事變成了急事，不僅引發他人的不滿，也讓自己得花更多時間才能完成，導致慌張的情緒成為壓垮自己的壓力。

有些人能夠看起來簡單從容的做好這些事情，如同鴨子在水面上划水，看似輕鬆游來游去，但在水面之下，他們的腳不斷在滑動。因為他們在他人所看不到的地方用心、奮力。人生不必大張旗鼓，只要一步接著一步。現實通往夢想的距離，唯有行動。

8 人生像是走向遠方，實則是走向自己

經常出現在南投縣合作國小的辛智秀辛大姐，在看到孩子觀賞影片時的笑容後深受感動，於是邀請3D電影車有機會也到仁愛鄉播映。

很快的，我們在行程的空檔間，安排一天到南投清境農場上的學校播放。那天上午我們拍了一系列的相片，是耆老、孩子、陽光，大家的臉龐都帶著微笑。然而，在那些相片背後的故事卻讓我再次領悟到人生的哲理。

因為約定，我提醒自己再遠也要一起參與。不過在前一晚，十幾年前就來到家中的貴賓犬Yuki，因為相當於老太太年齡，突然整晚輾轉反側，不斷跑來磨蹭準備入眠的我們，時而發出低鳴。我想她應該是想要有人陪伴，於是抱著她安撫，但她依然不斷扭動身軀，讓我們都沒辦法睡好。我索性把她帶到秘密基地中，至少比全家都無法入眠來得好。

我整晚看著Yuki，回憶起許多故事。對於這些毛孩而言，我們就是他們的全世界、一輩子。想著想著，眼看著約定的時間要到了，我始終不敢閉上眼睛。四點，我開著車，載文豪上山。一路上，車子穿過幽幽小徑，都是碎石子路，讓車子顛簸難行，我們幾乎看不到路面，緊張得冷汗直流，但導航卻直指那個方向。於是我深吸口氣，

決定順著導航，看著前方，不知過了多久，終於抵達了目的地。冥冥中引領我：「方向正確，路再遠，終究能夠走到。」

耆老與孩子的微笑，背後有著令我難忘的故事。

9 慢一點，情感卻更深刻

二〇一四年，3D電影車開跑後，我們作了一系列的紀錄，問孩子以後有什麼夢想？他們通常抓了抓頭，久久答不出來。

只要有想法，就有建築夢想的材料。某次在拍攝一群唐氏症的孩子學舞龍舞獅的畫面，教練是一位來自山東的彪形大漢，每週會抽出一天免費來教他們舞龍舞獅，教練的聲音非常宏亮，教學很賣力，頭上一顆顆汗珠水龍頭般嘩拉嘩拉流下，眼中卻還是閃耀著滿滿的愛與熱情。孩子不斷忘記口號與動作，教練就不斷的重複。我突然想起，這就像我們不斷在練習重複的事情，讓自己變得熟練。往往學會的時候，已經受過一些傷了，但那都是必經的過程。

這群孩子讓我格外感動，於是後來又找他們聊一下心目中的教練，結果他們說，想要拍一段影片送給教練。因為他們自己也知道，經常一練習就忘記，每次都要重新學習，一定讓教練非常頭痛，但他們的內心是非常愛教練的。

於是我讓這群孩子每個人說一句感謝的話，看著他們有點吃力的說出「謝謝你、對不起……」可以感受到發自內心深處的感謝。這群唐氏症的孩子們反應與表達雖然都遲緩了些，卻是用百分之兩百的感情來回饋給身邊的人。

下午練習前，學生們把感謝影片送給教練，這位平時看起來嗓門很大的山東大漢，眼眶從泛紅到嚎啕大哭，孩子們紛紛湧上前，圍繞擁抱著教練。這真是一幅最美的風景。

3D車改造後不久，應「見性社會福利基金會」的邀請，王俊凱先生邀請我們將3D電影車開進特教學校，他告訴我，這些孩子平時很少有機會接觸到這些影像刺激，但電影車有著行動的特質，希望可以帶給他們一些啟發。

第一站到達新竹特教學校，校長告訴我們，他其實也相當訝異這些孩子能夠專注在3D影像畫面，口中還唸唸有詞，說著影片的內容，像是簑衣、捏麵人，以及台北101、花東縱谷等。事後還有孩子跟我分享，以後也要當啟發他人的愛心天使。其實這群可愛的孩子，早已是幫助我完成夢想的天使了。

四部曲

打造人生
下半場的精采

1 下半場的精采度，取決於看待生命的態度

五十歲，是許多人面對未來的新階段。對我來說，現在，是十年前的自己所決定的。未來，則取決於現在的選擇。

我將保了近三十年的勞保給退掉了，很快的，在半個月內就收到了勞退金。到了這個年齡，經常聽到人家提到退休的規畫，說過了五十歲的門檻之後，就是「退休進行式」了。

經常和我接觸的文豪問我，怎麼從一個不喝咖啡、不參加聚會的人開始有了轉變，甚至開始接受企業與社會團體的演講邀約？我想回應到孔子所謂的知天命，這是一種「得與捨」的境界與能力。過去我曾因為開刀後聽力與視力的損傷，擔心引起誤會而對於聚會敬謝不敏。

但自從開始投入美力台灣，接觸到許多孩子的笑容，也打開了我的心，讓

我的世界開始重新繽紛而立體了起來。也由於希望與更多朋友分享這些美好的故事，我也開始樂於享受。

所謂享受，就是分享感受，我開始學著徜徉在陽光、茶香、咖啡，追求生活中單純的樂趣。並且透過聚會，樂於分享美力台灣的感動與喜悅，幾乎每一場活動會後都有許多聽眾主動來跟我分享感受，有些是分享遭遇的困厄或心鎖，突然得到了豁然開朗的力量。有些則是想要跟著3D電影車下鄉，陪伴觀影的孩子成長。這份改變是值得的。生活的美好沒有人說出來，都藏在心裡，就很容易被忽視或被認為理所當然。台灣有太多美好需要被看見，整個社會的氛圍也會因而被改變，媒體上不再只有聳動驚人的標題或八卦新聞，哪怕只有幾則正面的訊息，都能讓社會產生正面的漣漪。

我領到勞退金之後，很快的把它分為三大塊，雖然數量不多，我將三分之一捐給公益團體以及急需被救助的人；三分之一協助無助的老樹農；剩下的三分之一留給了我的家人，以及整理了一下我的庭園。其實，我的方向一直沒有改變，而是心態隨著時代變化而調整。感謝太太與家人的支持，我們的勞退金沒有不見，只是變成令我們歡喜的事情。

2

逸樹家：我的秘密基地

每個人心裡都有一座秘密花園。它沒有固定的範本，是歷經不同的人生旅程而有了自己的理想樣貌。很幸運的，我在金山上擁有一座屬於自己的農舍，邀請過許多朋友上山，他們都非常喜歡這個地方，也給了我很多很棒的回饋。逸樹家，是大人的秘密基地，英文名稱是Be A Tree。它象徵的是

逸樹家實踐著我的生活經驗與生命歷練，也展現出我對光影的想像與攝影原理的構圖。

「如何『用心』向下扎根」，我曾在這裡辦了幾次讀書分享會、餐會，用各種不同的形式重新定義這個生活美學空間。在這個庭院裡，我種植了許多救援回來的樹，有些來自台北即將被砍伐的百年老樹，也有來自於中南部的柏樹松樹，幾乎都是救援回來的流浪樹，為此我還特地去上課學種樹，一方面也希望自己能重新了解土地。

意外的是，當樹木種下去，這裡竟然產生了一個個生態系，包括台灣藍鵲、松鼠、青蛙、烏龜，以及老鷹等，甚至許多花卉是周邊的小鳥帶來的種子，意外在庭院生根發芽。我也在幾個水池裡復育台灣原生種三斑鬥魚，消除林園裡的蚊害。我的想法很簡單，雖然沒有設計師專業規畫，但這裡實踐著我的生活經驗與生命歷練，也展現出我對光影的想像與攝影原理的構圖。大多數的人總說：「曲導是位不斷打破框架的人。」逸樹家對我來說，正是我對人生的體悟與實現。

逸樹家的樹，外型都是獨一無二的，即便是靜止的狀態，個個都像在風裡那樣舞動飄逸。許多人看到都不禁驚呼，擔心枝葉不斷長出盆外，會不會因此倒下？其實它們都在成長的過程找到自己的比重，抓好重心。逸樹，正是一種

逸樹家
BE—A—TREE

生命的樣貌。

一剛開始我並沒有規畫打造這個庭院。前面提到過，退休金的三分之一拿去幫助拍片認識的老樹農。這些樹農年紀大了疾病纏身，孩子又不願回家協助，沒辦法繼續農作，有些甚至面臨土地糾紛，被迫移走樹木，在沒有體力也沒經濟支持的狀況下，這些樹木面臨被迫砍伐的下場，這讓花了大半生心血的老樹農格外心疼。反正我也喜歡這些樹，於是找了幾個朋友合作把樹買回來，讓老樹在我的庭院裡暫住，等待有緣人買回。

花若盛開，蝴蝶自來

在屋子與庭院相交處，我放了一張長長的桌子，中間有條長長的裂痕。它來自於我拍攝百工職人的影片，在鋸木廠裡，我發現最年輕的師傅也都已經七十幾歲了，因為生意不好，大家年紀也大，所以現在只做半天就休息了。聊天中他們提到，有根木頭已經放了二十多年，體積太大不容易賣，又覺得裁斷可惜，就一直擺在那裡。於是我又將木頭帶了回家。

植物的生長很簡單，陽光、空氣、水，再加上一個適合生長的環境就夠。

庭院裡的那顆百年老樟樹，本來因為廟要翻建被挖掉，整個被連根拔起，運來時連土球都沒有，更誇張的是連根都少得可憐，可以用「行將就木」來形容。沒想到從二〇一九年到現在，已茂密得彷彿新生。這讓我想到人類的求生本領，生命的堅韌莫過於此。

逸樹家實踐了「花若盛開，蝴蝶自來」的生態理想。青蛙是自己跳來的，還有竹節蟲、蚱蜢等來定居，藍鵲、老鷹飛來。晚上還有螢火蟲，常常找幾個朋友，晚上一起躺在草皮上看星星，興起就彈起吉他、唱唱歌。曾有朋友告訴我：「導演，在這裡的每一個視野與呼吸，都能感受到生活的品味啊！」

庭院就像人生，不斷在過程裡成長改變。也像這些隨著季節來來去去的生物，在不同時機交會，遇見彼此，感受人生不同的景致。

3 家的力量

家，是上天賜予我最美好的禮物。但是，家也經常是我在許多場合所不願主動提起的話題。父親在我三歲的時候過世，從小沒有喊過一聲爸爸，曾經以為再也不會有一個完整的家庭。

小學的時候，那些關於「我的父親」的作文題目總我難以下筆。或者看到人家的父親把孩子揹得高高的，這讓我的童年有些缺憾。聽家人說，父親生病以後一直是坐著輪椅的，我出生後很喜歡拉著他的手，但爸爸因為罹患肌肉萎縮症沒有任何力氣，終究只能把關愛投注在眼神裡，沒辦法給我一個擁抱。而遇到「我的夢想」的作文題目時，我總是寫著希望有一個溫暖的家，對我來說，家是依靠，是避風港，是願意無悔付出不求任何反饋的。因此，為什麼我總希望把影片帶到人文感性的角度，就是從家的感染力而來的。

退伍後開始工作，開始有人問起：「小曲什麼時候要結婚？」這個問句總像小石子丟入河裡不見蹤影。當時的我日以繼夜的工作，賺到錢就拿來請大家吃喝玩樂，只求樂在當下，沒有太多儲蓄的想法。當我開始在這個行業闖出點知名度後，開始求新求變，在業界做出各種創舉，比如吳靜嫻將音樂錄影帶委託給我拍，我就用35mm的電影規格，並邀請三組英國獲得世界國際標準舞冠軍的舞團一起拍攝MV。我並不是一開始就懂，但我用「樂在其中」的心去激發創作能量，累積拍攝閱歷。當時的我將全副心力投注在工作裡，始終覺得自己不會有結婚生子的可能。

但人生際遇往往讓人意想不到。大概在我三十多歲時，遇到了雪芳，她是我的太太，我的牽手，當時我是為了拍片而找到她擔任化妝師。第一次見到她就覺得似曾相識，而她看到我的大眼、大嗓門，也知道我不是普通人，她把我當作是一位……水電工。從水電工到導演，彷彿是緣分的牽引、海的召喚，她住金山，而我住在基隆。我們開始約吃飯、打保齡球，很快在半年後決定訂婚、結婚，訂婚的隔天，她仍陪著我繼續工作拍廣告。

組成一個家不是件容易的事。所謂家家有本難念的經，何況組成一個新的家庭，不只是兩個人的事，而是兩個家庭的結合。我的母親是非常傳統而典型的婆婆，雪芳剛來到我們家，與我母親的相處歷經許多了解與磨合，但她擁有很好的EQ，能夠面對我或其他人迎面而來的情緒。我的工作必須經常外出拍片，有許多重要的時刻我都無法陪在她身邊，其實內心相當愧疚。像是九二一大地震，我身在法國；三三一地震我在日本，當時的我埋首拚事業，雪芳只好獨自帶著女兒面對那些恐懼，回想起來，我心裡總是充滿歉意。

一直以來，即使在面臨生死關頭的時候，雪芳始終陪伴著我，所有心思都放在這個家。她將婆婆當成自己媽媽那樣照顧，帶著她看醫生、陪她聊天，甚至陪她出國旅遊……也讓我的母親對雪芳是百般的稱讚。三個女兒也總喜歡黏著雪芳。其實母親還是根深柢固有著重男輕女的觀念，接連都是女生難免有些埋怨，所以我總向母親開起玩笑說：「我們這一輩都是兄弟，男生都被妳生完了。」這三個孩子就是上天賜給我最棒的禮物，終於讓我有了一個完整的家。這個家遮風避雨，我們彼此依靠。

我對三個孩子的期待很簡單，希望她們開心長大，把英文學好，國語是基本，數學只要以後不要跟人家買賣東西算錯就好。但我希望注重體育與音樂，因為有健康的身體才有未來，音樂則是低潮時可以紓解自己的情緒。最重要的，希望她們有禮貌，懂得尊重他人，在處事之前，先學會待人的道理。

大女兒孝凡即將面臨高三之際，有天她寫了封信告訴我要去美國。我的內心縱然是百般不捨，但想起自己年輕時也有著夢想，所以只有祝福。直到兩年前，因為《美力台灣3D》電影，我和太太到溫哥華與舊金山參與電影節活動，旅途結束後到了美國西雅圖，看到朝思暮想的女兒來接自己，心裡其實非常激動，但礙於面子沒有多說。在後座看著她一邊開著車，一邊用流利的英語跟朋友對談。「孩子長大了……」內心不禁浮現這樣的感觸，那個以前打著球，調皮瘋癲的女孩已變得獨立穩重，身為父親終於放下了心。

每當在外辛苦歷經風霜，回到家睡上一覺就能補滿能量。尤其這兩年從海外回到台灣，在家的時間變多，也有時間多看看孩子，我們之間相處像父女，也像朋友。家的力量，讓我的肩膀更寬闊，讓我的勇氣更飽滿。

隨著時間，家的樣貌也在成長

之前，我看過一部日本紀錄片《人生果實》，故事敘述一對老夫妻的生活，老先生是一位建築家，他們深居在林間的小屋，院子裡種滿了水果與蔬菜，兩個人走過一個又一個的四季，看似恬淡，卻貼切的述說他們的生活之道，影片記錄了他們的相知相攜，以及人生的悲歡離合。某天，老先生毫無預兆的在午後除草完小憩時告別人世。老太太在他身邊擺滿他喜愛的花草與蔬果，悲傷卻堅強的送別，兩人的互敬互愛，終其一生，令人感佩。

我一直很敬佩我太太總是充滿活力，鑽研各種才藝。她的手工藝了得，學木工做了許多東西，曾經做過一個純手工全榫接無釘的書櫃，我半開玩笑說將來可以留給女兒當嫁妝。她也做椅子、木馬，那匹木馬放在逸樹家，幾乎每個來訪的客人都忍不住要試乘拍照。她也教授鋼琴，也學油畫、學國畫、書法等，在照顧家庭之餘，還能充分保有興趣並持續學習，實在非常不容易。

衷心感謝我的太太，我的媽媽，還有我寶貝的三個女兒，她們是我生命中最珍貴的人。謝謝我的父親，讓我來到世上。像我這樣的傻瓜，身邊也要有同樣的傻氣支持才走得下去，而我的家庭總是我最大的力量。

4 做自己與被看見

有一陣子我在臉書上寫的簡介是：「人生如逆旅，我亦是行人。」

生命總是在轉彎處，讓你看見生命真正的價值與意義。人生就像一趟充滿冒險刺激、驚奇艱難的旅程，其實你我在人生當下，都只不過是時間長流裡的匆匆過客。生命的起滅與離合就像日升、日落，有自己的歷程與變化。其實就是老話一句：「把握當下，不要說等一下。」我們永遠無法預知未來會有什麼變化，明明是當下可以把握的事卻一拖再拖，未來就可能成為遺憾。不做，不會改變；做了，才有可能把握機會去創造接下來的路。

然而，能夠做自己是幸福的。什麼是做自己？就是用自己的方式來做事。這其實不容易，因為必須承擔任何結果不論好壞，但只要找到初心，追求理想而不忘保持清醒，那麼時時刻刻都是為了自己而戰，沒有遺憾。

像我這樣的傻瓜，身邊也要有同樣的傻氣支持才走得下去，謝謝我的家人。

低調做人，高調做事，讓團隊被看見。

人生不缺少美，只需要一顆願意發現美的心。即便是家門巷口，當下的風景都是美景。大人者，不失其赤子之心者。找到自己的初心認真活一次，或許會有不一樣的收穫與美好的體驗。常有人問我，走了這麼多國家，最美的地方在哪裡？我說，在台灣。台灣很大，可以在幾個小時內從盆地到海拔三千多公尺的高山。海洋是豐厚的寶庫，有琳琅滿目的珊瑚礁與各類魚種。台灣，是我的家。

我常常練習做自己，但做自己的目的不是為了「被看見」，而是為了開啟與自己的對話，那是一種靜，也是一種境，更是對自己的敬。但「被看見」同樣重要，因為那是一種認同，當我們為一件事情筋疲力盡之後，旁人的一句「讚喔」「辛苦了」，一切都值得了。

站在教育的角度，未來孩子要過著什麼樣的生活，以及他們學到了什麼東西，不外乎就是價值與價錢。過去常有人說，好好認真用功讀書，以後賺大錢，於是許多孩子在追求理想的過程，往往容易忘了初心，賺了很多錢卻沒有心中的價值。讓我們不得不深思，所謂「被看見」，必須先衡量讓人看到價值，或者價錢？

一般而言，價值有了，價錢就來了。但是有價錢的事物，不見得會有附帶的價值。就像今年我們面對疫情，必須在生活與生存間掙扎。生活是一種品味，我們難以去選擇「生」，但可以選擇「活」成什麼樣的模樣；而生存是要拚來的，在現實的泥淖中咬牙前進。兩者間要取得怎樣的平衡，也是人生必修的課題。我常常練習把「被看見」跟「做自己」分開一點，大概就是做事高調，做人低調的意思。把個人放在後面，把想做的事與團隊的成果展現在更多人面前，讓更多人看見。生命總在轉彎處讓你看見生命真正的價值與意義。讓我們在下一個清晨，泡著好茶、好咖啡，欣賞四季的變化，認真生活，體驗當下生命的變化。當你懂得做自己，你會發現，這才是你自己。

5 明天與意外，永遠不知道誰先到

二〇二〇年，趁著年假，我帶著木頭去找擅長雕刻的許師傅。許師傅是我的鄰居，也曾是開聯結車的「運匠」大哥。許師傅非常熱情的跟我閒聊家裡的事，過去因為拍攝百工職人而結識，也因此變成非常要好的朋友。我準備開車離去前，他告訴我，過兩天我就幫你把木頭處理好。

他透過原木製作過相當多藝術品，包括原木雕刻燈罩，還有好幾張用漂流木製作的桌子擺置在我們的辦公室內，散發著屬於自然的原木香氣，也讓他的作品格外有藝術氣息與生命力。

然而，這回等了好幾天卻等不到回音。心想難道從不耽擱的他有什麼事情延誤了？想打電話問問又擔心造成催促壓力，掙扎許久還是打了電話卻未獲回應，到了工作室，只見大門緊閉，再通上電話時才得知，許師傅在前幾天昏迷，至今仍躺在醫院裡沒有意識。聽到他妻子的無助，我趕緊與太太商量，將剛提領出來的勞退金拿出一部分，先協助他們的亟需。我不禁感受到生命的脆弱與無常，尤其自己曾經走過這些徬徨無助的路，也深深了解那些難以說出口的苦衷。前幾天還好好的，怎麼沒多久就躺在床上失去意識。無常令人不勝唏噓。

我仍記得許師傅分享自己豐富的生命故事，他原先並非學習原木雕刻，只是憑藉著一個「勤」字——勤學、勤作、勤問以及勤走。他將別人眼中的朽木，透過自己的創意與巧手化腐朽為神奇。因為過去擔任司機的緣故，他經常南往北跑。閒暇時候便到海邊撿拾散落的漂流木，他深深愛上木頭的韻味，尤其那些被珊瑚蟲咬得千瘡百孔的漂流木，即便被啃食得體無完膚，在他眼裡卻是最獨一無二的印記。後來他只要一看到木頭，腦海裡自然浮現創作的構圖，透過木材的外型、材質，化身成為居家用品，也成為藝術作品。

幸好我們將這些都以影片記錄下來了，人生無常，我們只能珍惜每一刻，而我能做的，就是把這些豐富的生命故事與專業態度記錄下來，讓它們跨越時間，不斷感動未來的每一個觀眾。

6
Follow your heart

美力台灣誕生以前，沒有任何一個人看好這個計畫。

每個朋友看到我都是說：「導演，你是頭殼壞去嗎？」

解釋得累了，我後來索性轉過頭指著後腦杓的傷疤，告訴他們：「是啊！我就是腦子壞了。」

3D車完成後，我曾經一一拜訪表達過支持的人，他們嚇了一跳，沒想到我真的這麼快就把「計畫」成真了。但我的積極並沒有獲得認同，他們紛紛打哈哈、打退堂鼓，甚至告訴我不如多拍點商業片吧！

我沒多做解釋，選擇瀟灑離開。回到家裡，開跑的輪廓已經在腦海中成形，於是我把自己的房子賣了。

資金籌到了，但走出去的第一哩路，我們遇到了另一個意想不到的大困

跟隨著初心，一步步克服難關，就能走得長久。

3D行動電影院

難，是沒有學校願意讓3D電影車去播映。他們對於不知名的善意充滿疑問，以為我們是來賣書、賣DVD的，或者是說：「怎麼可能會有這麼好的事，你們是詐騙集團吧。」

「你們經費哪裡來的？導演賣房子？他是頭殼壞掉嗎？」

過程中，我感受到他們可能曾經受過不少傷，所以才會提高警戒心。透過時任政務委員張善政以及教育部資科司的協助，也認識了雅芬高管、雅婷，及許多教育部內熱心的夥伴，我們終於突破這道牆，開始前進校園。

還記得當初拜訪張善政委員時，他嚇了一跳告訴我，找他的人都是要經費、要資源，沒想到我什麼都不要，只要名單。很快的，我拿到了一份偏鄉小學與DOC（Digital Opportunity Center，數位機會中心）的名單，我們循著名單，在許多偏鄉學校內播映後獲得好評，透過校長與主任的推薦，不到三個月，開始有不少偏鄉學校主動與我們聯絡申請報名。

剛開始實在不知道能走多遠，過程中遭遇了各式各樣的問題，但都是一步一步，逐一解決。這些計畫即便都不被看好，但最終還是完成了。跟隨自己的心，才能不斷前進，做對的事情，戰戰兢兢做好每一件事。

透過時任政務委員張善政的協助，我們終於突破這道高牆，前進校園。

7 誕生，就是醒來；死亡，就是長眠

如果將生病看作是無法選擇的命運，早在出生時，我已經面臨一次被選擇的命運。

還是嬰孩的我被放在一張大桌上，大人們輪流檢查我的手腳是否健全，能否正常彎曲，因為他們擔心我遺傳到父親的疾病。根據長輩的敘述，當時他們面面相覷，滿懷擔憂的看著我，而我則睜著圓滾滾的大眼睛，好奇的笑著，殊不知他們的討論攸關我的生死。

數十年前醫學知識尚未普遍，風雨中他們爭論不休，深怕這個孩子遺傳了父親的疾病，將為這個家族帶來重擔。幸好一票之差，我幸運的被留了下來。他們說，這孩子的未來，誰也難以為他作主，就看自己的造化了。因此，我被取名為「曲全立」。

生命中每一件發生的事情，都有它的意義。

前幾年跟朋友合作開了一家公司，因為信任，我掛名公司負責人，但由於忙著拍攝新內容，必須出國，為了方便他們處理公司業務，就將支票、印章都交給了朋友。後來得知被盜開了

非常大的金額，也讓自己維持了五十年良好的票信受損。隨之而來，開始有黑道、地下錢莊上門討債，甚至還有到門口站崗的，過去在新聞上看到的畫面，都在生活中真實上演。

最後他們竟然去圍堵了我的家人，踩到了我的底線。當時人在海外拍片沒辦法即時處理的我內心十分煎熬。明明被盜開是事實，對方也承認，但接踵而來的嚴重後果卻要我概括承受。感謝陳學聖委員的協助，感謝刑警大隊的協調，最終才順利落幕。因為信任朋友，卻讓自己的心受了一次非常嚴重的傷。後來我試著轉念，感謝這個事件讓我「提前練習」處理問題的能力。因為親身經歷，才完全理解如何處理。我深深體會，所謂憂煩，往往來自於自己的心，生活還是要過下去，人也必須隨著日子前進。事情本身不會憂煩，而是我們如何看待他們的心情，心情不好時，好好睡一覺，能夠短暫忘記許多情緒。

人生的大事，就是生與死這兩件事。其他的，就是開心的活著，開心的玩。人在有了一定的經歷後，學會安心、練習自在反而是最重要的課題。如果現在不思考未來，那麼未來只能活在過去。在日出的光亮之前，得經過黑夜裡不斷變化。黑暗之後，一定會迎來光明的。

安可曲

《這世界需要傻瓜》之後

1 不做，就不會改變

老子說：「上士聞道，勤而行之。」經過咀嚼再三，我將他的智慧翻譯成每天多做一點點，長久來看，就能夠進步很多。

我在3D電影車裡也運用這個觀念帶給孩子一點環保的省思。我們可以隨手做環保，做好資源回收，自備餐具，節約用水與用電，以及到山上、海邊不留下垃圾等。如果用365次方代表一年的365天，每天多付出0.01的努力，跟每天少做0.01的差別，第一天的差別可能看起來有限，但在365天之後，差異恐有天壤之別。

環保，迫在眉睫，環境遭遇的問題從不遙遠。

有次我到學校分享環境保育的議題講座，台前一個男學生從開始到結束一直用好奇的眼神看著我，最後問答的時候，他立刻舉起手，問我，一直做一樣的事難道不會累？還要繼續拍多久呢？

對我而言，拍片並不是工作，這是我的志業，也是我的生活。我當時回答：「拍到我不能拍，闔上眼為止。」現場爆以熱情的掌聲。

每一次的演講都是獨一無二，每一個回饋都能激發我再度省思。我也希望透過影片把重要的價值觀傳遞給下一代，比如：熱情，從事他們真正喜歡，並能夠永不放棄的事。比如：環保，如果每個看過3D行動車的觀眾都能多撿一個垃圾，少製造一個垃圾。那累積下來的改變有多可觀？更比如：正面迎接考驗的人生觀，這些台灣超人的故事若能帶給觀影者一點勇氣與啟發，那麼台灣環境一定也能更正向。

2

用愛把善串起來

人，簡單兩劃，很容易寫。人，兩腳立地，能夠站穩並且頂天立地，含蘊著深厚的道理。人是有靈魂的，所以延伸出「一雙手，一片天」。人與人之間，似乎有條無形的絲帶牽引著彼此，在適當的時候，會拉近頻率相似的彼此。

《這世界需要傻瓜》是我的第一本書，我也透過這本書重新省視人生，外表看來我可能積極樂觀，但內心卻因為那場大病蒙上一層灰，看著鏡裡的自己面歪嘴斜，笑容與話都漸漸少了……我的故事，甚至比許多劇本來得曲折精采。但開始投入美力台灣之後，我慢慢走了出來，透過這本書，我也重新檢視那些生命細節，那些幾乎沒人提過的往事。還記得當時為了出書打電話給媽媽，想要幾張爸爸與我的合照。媽媽告訴我：「哪有什麼跟爸爸的照片，其他小時候的相片也都被颱風淹水淹掉了。」在那場開腦手術之後，很多記憶就像錯亂的檔案四處堆放在腦海裡，許多畫面感覺熟悉卻很難一一指認歸位。寫著書，也像在重新整理人生，讓記憶慢慢歸位。

其實剛開始我對書名有點排斥，畢竟是第一本書，難免期望書名帶有一點金玉良言。但後來我漸漸找到這個書名的價值。金玉其外，不如用初心走人生，重新用行動去定義「傻瓜」二字。

傻瓜，指的是不懂得計算與算計的人。當初李濤在記者會上跟大家分享「傻瓜越多，台灣越美」的傻瓜精神，而現在無論我走去哪裡，都有許多人說要跟我學習「傻瓜精神」，付出讓自己更富有，讓人生活得更精采。

一本書帶來無盡而綿延的迴響

出版後，拿到了博客來藝術設計類銷售榜的月冠軍，也在下年度入選由雙北市立圖書館、國語日報社舉辦的「好書大家讀」優良讀物。更值得欣喜的是，除了在銷售榜上有不錯的成績之外，更因此遇到了許多很美的相遇。

用愛把善串起來，讓感動的力量透過你我來延續下去，這是我對這些相遇

總統賀電

美力台灣 3D 行動電影院曲導演全立暨全體與會人士公鑒：

欣悉訂於本（105）年6月8日舉行《這世界需要傻瓜：美力台灣 3D 行動電影車的誕生奇蹟》新書發表會，特電致賀。至盼藉由此書出版，記錄實踐山水足跡，激發公益服務熱忱，引領社會正向力量，落實生態環境教育，為台灣深植科技發展與人文關懷之珍貴種籽。敬祝活動圓滿順利，諸位健康如意。

蔡英文

中華民國 105 年 6 月 6 日

總統賀電

數位新媒體3D協會胡理事長幼鳳暨全體與會人士公鑒：

欣悉訂於本（104）年9月4日至29日舉辦「美力畫台灣多媒體展覽」，特電致賀。至盼藉由此項展會，啟迪兒童創意思維，豐富藝術教育內涵，深化人文關懷美學，共同為營造溫馨祥和之優質家園而努力。敬祝活動圓滿成功，諸位健康愉快。

馬英九

中華民國 104 年 9 月 2 日

副總統賀電

社團法人數位新媒體3D協會胡理事長幼鳳、《美力臺灣 3D》曲導演全立暨全體與會人士公鑒：

欣聞訂於109年12月1日至110年1月2日舉辦「美力臺灣‧童畫視界展覽」，特電申賀。長期以來，貴會積極結合數位創意美學，激發學童多元發想，拓展人文藝術視野，豐富生命教育內涵，戮力宣動，殊值感佩。際此，敬祝會務運作順利，諸君平安如意。

賴清德 賀

中華民國109年11月27日

這些年來陸續收到總統府的賀電，給我們很大的鼓勵。

所下的註解。在金石堂書店所舉辦的新書發表會，收到時任總統馬英九先生從總統府傳來的祝賀。這幾年來的活動中，也陸續收到蔡英文總統、賴清德副總統的賀電致意。

每次的聚會往往能夠凝聚一股正面的能量，像是陳慧芬女士在發表會現場買了一千一百一十一本《這世界需要傻瓜》捐給偏鄉學校，隨行動車到偏鄉學校之後，就能與孩子們一起分享這趟逐夢之旅背後的故事。

陳慧芬女士是我在當兵後做房屋仲介工作認識的，人生的第一個房子就是向她買的，當我想為這塊土地做些事情，她也總是非常支持我，後續也持續給予很大的支持。在新書發表會現場的還有陳郁秀女士，她當時還未接任公廣集團董事長，之後在Keep Walking夢想資助計畫由她手中接獲了獎牌，我也順利完成首本以台灣的紀錄片影像為題製作的美力台灣AR魔法書。

在那場新書發表會活動，也認識許多新朋友，感謝京都念慈菴的謝慧敏總經理，支持《美力台灣3D》電影的上映計畫，延續到3D電影車之後每一年的播映計畫，從推動公司的公益計畫到個人，始終支持。

新書發表會之後，謝美慶女士是二十多年來的鄰居，她串起了台北旅店集團戴彰紀董事長與仁寶的宋炎珠女士等緣分，與戴爸第一次碰面之後，他立刻捐了一部3D電視，並且籌畫另一場新書發表會，讓更多朋友能認識美力台灣。正因為深刻感受每位朋友的好，我總是戰戰兢兢面對每一場分享演講，「全立以赴」回應對方悉心的準備與期盼。

除此之外，許多久未謀面的朋友也相繼出面支持，像是在《金曲龍虎榜》

陳郁秀女士從第一本書就開始給予支持。

播報流行歌曲排行榜的方笛女士正是我的舊識，也因為這本書的牽引而重新相遇。當她聽著美力台灣的故事，原本就感性的她紅著眼眶。她介紹了辛智秀女士，以及花仙子企業的蔡心心董事長，辛大姐將行動車帶到清境農場上的合作國小，心心姐不僅支持，也透過小善活動的分享，讓更多朋友能知道美力台灣的故事。

二〇一九年擔任佛陀紀念館駐館藝術家時，因緣際會與謝靜蕙女士碰面，她總是帶著熱情與笑容，用一隻自拍棒拉

陳慧芬女士買了 1111 本《這世界需要傻瓜》捐給偏鄉學校，後續也不斷給予支持。

近了身邊每個人的距離。她有個響亮的別稱叫做「女王」，這是阿蓮國小蘇聰榮校長所取的，因為她在夜間補校擔任主任時就像是「月光女王」，為了孩子的教育全心投入。她曾有幾次機會能夠擔任校長，即便當時許多人對她都有著「當校長」的期許，但她看到了體制之外的視野，選擇留任在舉辦更多翻轉教育活動的科室。

正因為舉辦許多培訓課程，接觸到許多年輕的主任，這些主任現在也紛紛成為學校裡的年輕校長，帶著女王對教育的熱忱，繼續用滿滿的動力與創新的想法，拓展到每一個學校。

女王帶我認識了許多年輕校長，也帶我認識了放牛班，他們是一群來自中小企業的老闆與主管們，對於公益熱心又積極。像是班長林坤註、林惟茂（茂哥）、黃子源（奶爸）。坤註是三商美邦人壽的協理，又延續出另一股力量。而茂哥與汪立敏社長則邀請我到澄清湖扶輪社做聯合例會，奶爸與柏霖議員介紹番薯電視台的石川董事長……

這些力量不斷向外擴展，就像是一個善念的小石頭激起的漣漪，不斷往外擴大，持續為教育向下扎根。

從未停下腳步

創作是一條孤獨的路，但每天能夠醒來，我都感謝天，感謝身邊每一位支持的人。感謝胡幼鳳女士（胡姐），在我二〇一〇年完成首部3D實拍電影《小丑魚》時，她擔任台北電影節總監，邀請我製作3D開幕影片，並且協助影委會包場，給我支持與肯定。二〇一四年年底，我們共同創立了3D協會，期盼作為新媒體與影像交流的平台，讓3D巡演持續回饋社會。感謝胡姐，讓3D協會有了良好的開端與延續，感謝3D協會的理監事們，讓協會成長與茁壯。然而，自美力台灣開跑以後，感謝熱血無敵的雅美蝶學長團，感謝二〇一三年那個夏日的夜晚，與這群來自陸軍樂隊、開南樂隊的學長們重逢，大家把酒言歡，揚言要做美力台灣的鐵粉，酒意上來更讓我深刻感受在酒酣耳熱後的柔情與連綿不絕的感動。不考慮利益，彼此用真心結識，感謝這群自稱為美力台灣的志工爸爸團，相信對的事情而陪著我們不斷持續往前。

3 單耳聽損的我們

單側聽損，指的是一側的耳朵聽力是受損的。造成這樣的狀況，每個人的原因都不盡相同，有人先天性造成，有人是後天因為病毒感染、意外受傷而導致，我則是在開刀後受到損傷，並留下不斷迴響的耳鳴。

最傳神的比喻就是我聽聲辨位的雷達被抽走了，尤其在疫情的狀況格外辛苦，因為每個人都戴上了口罩，我不僅很難聽到說話者的聲音，也無法用嘴型判斷，只能從眼神猜測對方的訊息。

與病為友，雖然知易行難。但我的許多創作就是在這樣的條件完成的，我慢慢能理解，這是上天賦予我的第二個任務。我珍惜現在的一切，也傾全力把生命活得精采，把握時間、創造機會，用專業來回饋社會。

在校園演講的時候，年輕學生往往活潑好動，當我一提到他們感興趣的話題，忍不住就會交頭接耳起來，但在大禮堂的封閉空間裡，形成的回音在我的耳裡變成鬧哄哄的聲音。我很樂見孩子受到啟發的神情，但此時環境讓我像被一個罩子蓋住，莫大的耳鳴聲完全阻斷了外界的其他聲音。

類似的經歷不斷發生，旁人很難想像也無法理解，我內心多少也因此受挫，從人稱搞笑的小曲，變成一位不愛笑的導演，把真正的自己藏在後腦勺長的傷疤裡面。

換個角度思考

直到創辦了美力台灣的活動後，某天，有個孩子拉著我的手要我抱抱他們。他們迅速排好了隊，我在擁抱其中一個男孩之後，他在我的臉頰流下溫熱的鼻涕，黏黏的、熱熱的。我突然醒悟到自己還活著，突然領悟到——如果我們能對世界微笑，世界自然也會報以微笑。

把「聽不到」當作難處，還不如轉念把它當成練習的機會。於是我開始在工作或社交的場合上找機會事先告知對方：「不好意思，我的左耳聽不到。」然後盡量讓說話的人在我的右耳旁邊。不斷讓自己轉念，這一切既然都是事實了，還能怎麼辦呢？也因為美力台灣，我希望讓更多人認識這活動，需要更多朋友的支持來讓活動持續下去，也促使我練習多參加社交場合，但實在是因為聽不清楚，我往往只能在交流時傻笑以對。

某次在醫院領藥時，院內擠著滿滿的人，氣氛充滿著焦躁與不耐。輪到我的時候，藥劑師早已累積著滿滿的負面情緒，他戴著口罩，聲音又因為隔著玻璃讓我幾乎聽不清楚，只好多次詢問，而他終於忍不住爆發了情緒。

每當回想起這次不愉快的經驗，都讓我再次提醒自己隨時要有「換位思考」的同理心。單側聽損者沒有特別的標誌，但聽力較常人差了將近五十分貝，如果因為擔心遭受歧視而放棄了讓自己走出去的機會，那就太可惜了。我們不能要求每一個人都了解彼此的苦處。但我們必須讓這些聽損的孩子走出去，讓他們感受到父母與周邊親友的支持，讓孩子去打開視野、開拓心胸。

生活的難，讓人選擇逃避；生命的苦，讓人嚮往安逸。我曾想過，如果有天自己剩下半邊的聽力也逐漸喪失，變成完全聽不到，又該如何面對呢？我選擇用正面的角度事先準備，例如開始練習寫字、練習讀唇語，也相信科技會幫助我們這群「單聲」族群，就像端育能透過眼動科技使用電腦。不需要庸人自擾，讓自己的情緒提前製造問題，我相信，如果真有那麼一天。當我們想與他人溝通的時候，自然什麼方法都想得出來。

人生所追求的，便是認真活好每一天，無關乎別人如何看待，相信會有越來越多的人，願意站在聽損的角度來傾聽我們。在那天來臨以前，我們要做的便是做好自己，即便面對生活各種不便，只要能夠從引導情緒做起，尋求發洩的管道而不要傷害他人，用轉念去跨越負面能量，將自己整理好，朝向未來，那就沒有過不去的難關了。

4

紀錄片不是記錄悲情，是記錄生命的溫熱與堅韌

「人到了一定的年紀，必須要追求、尋找到屬於自己的生活方式。」這是我在臉書回顧六年前所寫下的話。這段話，我一直放在心上，一直在路上，不變、不忘。

在五十歲以前，我是一位攝影技術控，追求走在技術的浪頭，但漸漸，我發現自己最鍾愛的仍是具有人文溫度的內容。

我常說，一雙手，一片天，我從技術走到藝術，就如同我是電子科畢業卻跑來拍電影，不同領域要有不同的專業與天賦，尤其是藝術行業裡，更需要時間的淬鍊與累積。攝影與剪接都是技術，也往往是電影或電視獎裡不可或缺的獎項。二〇〇六年，ＨＤ還沒普及的時候，一方面為了測試新機器，另一方面也想把蝴蝶破蛹而出的畫面用縮時的方式記錄下來。很幸運的，我第一次就捕

捉到那個十分難得的畫面。

十多年後，我重新審視蝴蝶從蛹裡緩慢奮力的爬出，顫抖著身體彷彿忍著痛楚，晒乾翅膀與身上的體液。剛開始，牠不能直接展翅高飛，而是向下張開翅膀。牠緩緩拍動雙翅，明亮的陽光照入，彷彿希望之光穿破了黑暗。那時，讓我最感到震撼的，並不是高清晰度與鮮明色彩的規格，而是生命的堅韌與專注。

如果將技術看作是拍攝的手段，影片的目的就是為

了「被看見」，除了記錄之外，影片的涵義與後續的影響，正是我拍攝的初衷。像是當初拍攝端育的生命教育短片，兩個多小時拍出的影片，帶出一連串的影響，帶動更多孩子一起去看待生命的本質。影片的攝製要看整體，外在的是技術，內在的是內容。這些也是我經歷了人生之後，漸漸領悟到的道理。

用心說故事

或許因為不是科班出身，從拍攝的設備與說故事的方法，一直到被記錄的事物，一直都抱持著高度的好奇，任何細節都想問清楚，我把眼睛放在心上去看去閱讀。所謂學問，要會學、也要問，我們並不是先有了酷炫的想法，才用高規格技術去說好一個故事，而是靠著讀萬卷書行萬里路，一路拍一路學習一路打開眼界，我相信情感比技術更重要，但那絕對不是悲情，而是生命的溫度。

拍攝紀錄片時，我始終保持一個初衷，不是為了交一篇功課或案子，而是真心想讓這些畫面留下來，文化的美值得讓下一代、下下一代持續看見。南哥（蔡振南）在百工匠人（台語版）的預告影片裡說到，看到很多工具是小時候

紀錄片不是記錄悲情，是記錄生命的溫熱與堅韌。

的回憶，施振榮先生想起了小時候父母一起到廟埕看電影的回憶，後來也在美力台灣3D電影上映後給予大力支持。

至於藝術與技術如何平衡，我想經歷了一定的人生閱歷之後，看到的自然就是生命的藝術而非生命的技術。我想起一則故事，是我曾在上海拍攝一位為中國四大名角做過戲服的老師傅，他在技術上的精巧自然不在話下，但讓我更感動的，是他在工作之餘的生活切面：因為他太太的雙腳不良於行，想移動只能叫喚先生過去攙扶，先生也從不嫌煩，太太用知足的微笑告訴我，先生現在是她的拐杖了，他們所走的路都有彼此的存在。

這些匠師們就像是生活裡的詩人，也正如我想用鏡頭記錄的，是與你我生命經驗息息相關的生活百貌。

5

不進武林，怎麼知道高手在民間

生活就是文化，文化即為生活。傳統市場、當地的信仰中心都可以挖掘到許多生活文化，只就要找對方向，問對人，就可以看到不一樣的生活文化。

每部紀錄片的背後都有說不完的故事，就如同每一個物件背後都是數不盡的工藝工匠用心。好比一副眼鏡，它的鏡架、鏡片、鼻墊、螺絲等，都來自不同的專業。這些匠人，一輩子就專注做一件事，從筆墨紙硯到柴米油鹽，供給我們生活所需。

如果我們將信仰化為同心圓的中心，例如從北港朝天宮作為圓心往外擴展，舉凡拜拜需要的香、獅頭、製鼓，以及麵線等，再到各種傳統飲食小吃，這些包含風土民情及文化傳承的匠人，用專業提供了許多生活所需，他們的技藝是口耳相傳的智慧。但隨著時代演變，許多百工面臨失傳，常聽到師傅分享難以為繼的心情，不過也遇到許多可愛的師傅反過來安慰我，說我也是即將消失的百工，要我堅持拍下去。

我從台灣開始拍攝即將消失的百工，也從上海出發，橫跨中國二十二個省，我希望完成一系列記錄全球華人匠師精神的影像資料庫。因為堅持，讓我們逐漸被看見。應道禾文教基金會曾先生之邀，我到兩岸各地，也到洛杉磯好萊塢、加拿大、溫哥華、西雅圖、韓國釜山等地，在基金會、企業與各級學校演講。製作的影片

配音小野，讓《美力台灣 3D》更有溫度。

有國語、客語、英語，以及今年正式在台語台推出的台語版。伴隨著影片內容而生的AR展覽，也在台灣、上海、紐約、烏拉圭等地舉辦。

用影像傳遞理念，無遠弗屆

二〇一七年，我完成了《璀璨薪火3D》的拍攝，二〇一八至二〇一九年，我到上海拍攝《海派百工》。每位匠人彷彿都是武功高強的高人，用銅、石頭、鐵、織布、泥作、微雕、繡等方式，展現令人瞠目結舌的技藝，但我把專注與專業更凸顯於技術之前。例如拍書法，就把筆、墨、紙、硯、印泥等匠人的精神與專注拍出來，用技藝凸顯精神，當字被寫出來，自然就看到靈魂。

完成之後，《海派百工》出現在上海地鐵、公車、許多大樓以及全世界約三十五個國家播映，讓人隨處見到這些老師傅的身影，彷彿百工文化依然貼近著我們的生活。而我拍攝的故事也被放在《二更》的媒體平台上，點閱一百五十多萬次，也到上海TED徐家匯等地演講。

我希望分享的並不是觸及人數，而是許多我們沒發現的力量，其實就在你我身邊。如果我們能透過一顆心去觸動另一顆心，用一個靈魂喚醒另一個靈魂，他們的熱情堅持將讓傳統技藝跨越時空，長久留下。

國中的時候，我送報紙打工，不斷研發送報紙的新方法，想辦法多方嘗試來達成單月業績最佳；高中打工時，我接觸到單體喇叭與網版印刷、製作鞋子等，在鞋廠創下「擠楦頭」每日數量生產線的最高紀錄，在印刷公司創下當日手工印刷量冠軍。

後來我慢慢了解，這就是善用工具、找對方法。也正像我去拍攝台灣超人影片的劉大潭老師，他雙腿萎縮，無法正常步行，但他卻是台灣頂尖的發明家，甚至到日內瓦等國參加世界發明比賽獲獎，他用的正是「方法加工具」，當其他人認為不可能的時候，這些百工匠人、台灣超人，卻將不可能化為可能。

美力台灣誕生的力量正是源自於專注的做好一件事，希望把生命的感動帶給下一代，帶著孩子開拓視野，了解傳統文化。

感謝牽猴子與王師，感謝編劇與配音小野、感謝金獎配樂鍾興民，感謝每一位團隊夥伴的合作與支持，二〇一七年促成《美力台灣3D》進入全國院線，並獲得當年度紀錄片票房冠軍。感謝每一位支持電影上映與3D行動車的朋友，我們都希望台灣能更好。有光，就有希望，相信很快能再次照亮世界。

知足，感恩現在擁有的所有一切。

把生命的感動帶給下一代，帶著孩子開拓視野，了解傳統文化。

特別感謝

總統府

教育部

文化部

馬英九先生

賴清德先生

張善政先生

辛苦的教育工作者

圓神出版社與真真、靜怡、禹伶、宜婷

牽猴子整合行銷與王師

貝殼放大與大涵

國際佛光會副總會長／
周大觀文教基金會總執行長趙翠慧小慧姐

泓德能源科技股份有限公司

黃柏霖議員

錫口扶輪社

鉅仁企業有限公司吳昌錫董事長

張鳳齡張姐、鄭明山大哥

放牛班

京都念慈菴藥廠股份有限公司
與謝慧敏總經理

賀眾企業股份有限公司與李寶儀李姐

花仙子企業股份有限公司與蔡心心董事長

安侯建業聯合會計師事務所于紀隆主席

善耕台灣與李濤先生

台塑企業與王文潮委員

謝美慶女士

陳慧芬女士

周大觀文教基金會

周爸爸周進華、周媽媽郭盈蘭

張亞中教授

道禾實驗學校與曾國俊

楊玉欣委員

鍾興民老師

小野老師

財團法人RC文化藝術基金會執行長王俊凱

立委吳思瑤、吳怡玎、林奕華、
邱顯智、陳學聖

美力台灣3D協會

胡幼鳳老師

擁抱Always協會與周禮村先生

白鷺鷥文教基金會與陳郁秀董事長

福藏文創與陳威志、淑賢賢伉儷

夢想動畫與林家齊

生笙音效與吳亮輝

蘇意菁小姐

陳泯龍先生

萬通影音、孔雀谷黃導

正佳車廠與游添福老闆

杰瑞音樂與余政憲

雅美蝶．開南樂隊學長團

佛光山與星雲大師，讓我學會
「安靜」、「放下」。

感謝徐雪芳牽手與三個心肝寶貝，
孝凡、孝芸、孝晞；

感謝曲爸，雖然來不及看我長大，
但您一直活在我的目光中；

感謝曲媽，最珍貴的人。

Eurasian Publishing Group
圓神出版事業機構
用心與你對話・網野無限寬廣
圓神出版社
Eurasian Press

www.booklife.com.tw　reader@mail.eurasian.com.tw

圓神文叢 308

傻瓜一直在路上：生命的練習曲

作　　者／曲全立
文字統籌／趙文豪
劇照攝影／李思敬
發 行 人／簡志忠
出 版 者／圓神出版社有限公司
地　　址／臺北市南京東路四段50號6樓之1
電　　話／（02）2579-6600・2579-8800・2570-3939
傳　　真／（02）2579-0338・2577-3220・2570-3636
總 編 輯／陳秋月
主　　編／賴真真
責任編輯／吳靜怡
校　　對／吳靜怡・林振宏
美術編輯／林雅錚
行銷企畫／陳禹伶・曾宜婷
印務統籌／劉鳳剛・高榮祥
監　　印／高榮祥
排　　版／莊寶鈴
經 銷 商／叩應股份有限公司
郵撥帳號／ 18707239
法律顧問／圓神出版事業機構法律顧問　蕭雄淋律師
印　　刷／國碩印前科技股份有限公司
2022年1月　初版
2022年1月　9刷

定價 380 元　ISBN 978-986-133-805-7

台灣超人前進的背影，就是驅使人們向前的正能量，用生命影響生命。這些超人們可能曾被放棄，卻用超越凡人的堅持、不放棄來點亮希望。他們匯集了生命最極致的熱情，來守護台灣的下一代與環境。

——《傻瓜一直在路上》

國家圖書館出版品預行編目資料

傻瓜一直在路上：生命的練習曲 / 曲全立，趙文豪著. -- 初版. -- 臺北市：圓神出版社有限公司, 2022.01
256 面；14.8×20.8公分 --（圓神文叢；308）

ISBN 978-986-133-805-7（平裝）
1. 臺灣傳記 2. 人物志

783.31 110019080

3

2

1

0